AF311766

# MESDAMES

# MONTANBRÈCHE

COMÉDIE EN CINQ ACTES

MÊLÉE DE CHANT

PAR

## MM. CLAIRVILLE ET VICTOR BERNARD

PARIS

LIBRAIRIE DRAMATIQUE

10, RUE DE LA BOURSE

—

1866

# SOCIÉTÉ

DES

## AUTEURS ET COMPOSITEURS DRAMATIQUES

Agent général : LOUIS LACOUR

## EXTRAIT DE LA DÉCISION DE LA COMMISSION

EN DATE DU 19 MARS 1866

### ARTICLE XI

Les publications de l'Agence de Librairie dramatique porteront le titre de **BIBLIOTHÈQUE SPÉCIALE DE LA SOCIÉTÉ DES AUTEURS ET COMPOSITEURS DRAMATIQUES,** et sur le premier feuillet de chaque exemplaire édité par ladite Agence, sera apposée, par un Délégué de la Commission, la Devise de la Société : **UNIS ET LIBRES.**

DEVISE DE LA SOCIÉTÉ

Paris. — Typ. Morris et Comp., rue Amelot. 64.

# MESDAMES

# MONTANBRÈCHE

## COMÉDIE EN CINQ ACTES

### MÊLÉE DE CHANT

PAR

## MM. CLAIRVILLE ET VICTOR BERNARD

REPRÉSENTÉE

Pour la première fois, à Paris, sur le théâtre du Gymnase,
le 28 juillet 1866

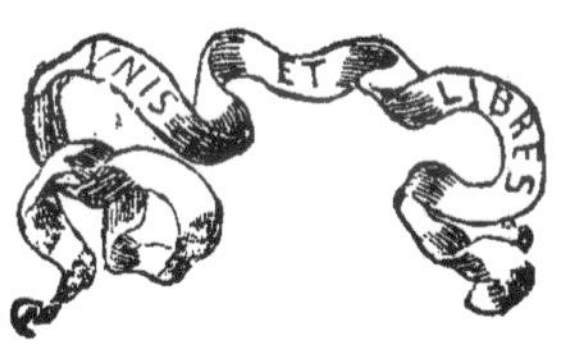


## PARIS

## LIBRAIRIE DRAMATIQUE

10, RUE DE LA BOURSE

—

1866

# PERSONNAGES

—

| | |
|---|---|
| MONTANBRÈCHE. . . . . . . . | MM. LANDROL. |
| LE COMTE DE FOUGERON. . . | VILLERAY. |
| MADINIER . . . . . . . . . | VICTORIN. |
| TARTINOIS . . . . . . . . . | BLAISOT. |
| JOSEPH, domestique de Montanbrèche.. | FRANCÉS. |
| DUTILLET, notaire. . . . . . . | BLONDEL. |
| RICHEPONT . . . . . . . . . | VILLERS. |
| DESMARETS. . . . . . . . . | ALPHONSE. |
| UN MAITRE D'HOTEL . . . . | VICTOR. |
| BAPTISTE. . . . . . . . . | ISMAEL. |
| PREMIER OFFICIER. . . . . . | ULRIC. |
| DEUXIÈME OFFICIER. . . . . | VINCHON. |
| AMÉLIE, femme de Montanbrèche. . . | Mmes FROMENTIN. |
| SUZANNE, nièce de Tartinois. . . . | SAMARY. |
| CLARA, femme de chambre d'Amélie. . | CHAUMONT-LEFORT. |
| MADAME RICHEPONT . . . . . | GEORGINA. |
| MADAME CHAMPY.. . . . . . | ALEXANDRE. |
| JULIE. . . . . . . . . . . | JOSÉPHINE. |

INVITÉS DES DEUX SEXES, ETC.

*La scène se passe à Boulogne (Seine).*

S'adresser, pour la Mise en Scène exacte et détaillée, à M. VILLERS,
Régisseur au théâtre du Gymnase.

---

# MESDAMES MONTANBRÈCHE

## ACTE PREMIER

Un boudoir. — Portes au fond et dans les angles. A droite, une fenêtre donnant sur un jardin. Au fond, côté gauche, le portrait de Montanbrèche en capitaine de dragons; à droite, également au fond, une panoplie. Meubles élégants, entr'autres un petit secrétaire sous la panoplie. Canapé à gauche, guéridon à droite, etc..

---

## SCÈNE PREMIÈRE

### CLARA, *puis* JOSEPH.

CLARA, *qui époussette la panoplie au lever du rideau, s'arrête tout à coup, en disant :*

Ouf! c'est fatigant! cette ferraille est un nid à poussière... Faut-il être assez... capitaine, pour apporter jusque chez madame ces vilaines armes!... un boudoir décoré militairement!... Monsieur prétend que c'est pour faire pendant à son portrait... Le fait est qu'il a raison, le pendant est bien trouvé... Comme ça flatte l'œil... des deux côtés!... on dirait un vieux fonds d'armurier et son enseigne... Allons, du courage! (*Montant sur une chaise et se remettant à épousseter.*) Et v'li et v'lan!... (*Ici se détachent de la panoplie quelques armes qui tombent bruyamment. Au même moment Joseph entre par la fenêtre.*)

JOSEPH.

Patatra !

CLARA, *descendant de la chaise.*

Ah! que c'est bête! vous avez failli me faire tomber.

JOSEPH.

C'est comme ça que vous traitez les armes du capitaine?... (*Il les ramasse, les met sur le secrétaire, et prend le plumeau des mains de Clara.*)

1

### CLARA.

Et vous, c'est comme ça que vous entrez dans les boudoirs ?

### JOSEPH.

Le capitaine est absent et j'ai vu madame à sa fenêtre qui lisait le journal. Pour lors, je me suis dit que vous ne pouviez être que dans le petit boudoir, et, comme je n'y pouvais entrer par la porte, sans être vu de madame, je suis entré par la fenêtre.

### CLARA.

Et pourquoi, s'il vous plaît ?

### JOSEPH.

Uniquement pour vous toucher quelques mots relativement à mon sentiment pour vous.

### CLARA.

Vous êtes fou, monsieur Joseph... à votre âge !

### JOSEPH.

Mon âge !... mais je n'ai que quarante-six ans... N'allez-vous pas m'envoyer aux invalides ?...

### CLARA.

A quarante-six ans... escalader les fenêtres !

### JOSEPH.

Quarante-six ans, mais c'est la fleur de l'âge.

### CLARA.

Oui, l'âge qu'avait votre capitaine quand il a épousé ma maîtresse, et ce n'est pas encourageant, car c'est un véritable Othello.

### JOSEPH.

C'est vrai que depuis quelque temps... et parole d'honneur, ça m'étonne ; car du vivant de sa première femme... il n'était pas jaloux.

### CLARA.

C'est une infirmité qui vient avec l'âge.

### JOSEPH.

Il ne faut pas que cela vous effraye, mademoiselle Clara ; je suis la confiance même, moi, et si vous vouliez me mettre à l'épreuve...

CLARA.

Je ne dis pas non...

JOSEPH, *avec joie.*

Ah! mademoiselle!...

CLARA.

Mais je ne dis pas oui...

JOSEPH, *avec déception.*

Ah!

CLARA.

Il n'y a que trois mois que je suis dans cette maison... je vous connais à peine... laissez-moi réfléchir...

JOSEPH.

Réfléchissez, mademoiselle... Étudiez-moi... Vous savez. les bons livres, il faut approfondir ça.

CLARA.

Oh! les bons livres...

JOSEPH.

Mais oui, mamz'elle, mais oui; relativement au moral comme au physique... Ah! si vous m'aviez vu quand je portais l'uniforme, quand j'étais le brosseur militaire du capitaine Montanbrèche!...

CLARA.

C'était dans ce temps-là qu'il fallait vous marier.

JOSEPH.

Dans c' temps-là? Ah! ben oui...*

AIR : *Lorsque j'étais soldat* (les Géorgiennes).

Lorsque j'étais soldat,
Par état,
J' restais garçon; par goût, j'adorais
Le célibat;
Vivre en liberté,
C'était ma gaîté,
C'était ma santé!
Dans ce temps-là je n'aimais qu'à rire,
Et je m' serais battu sans quartier
Avec celui qui s'rait venu me dire :
Joseph, il faut te marier!

* Joseph, Clara.

Mais l'amour, ça m' rend tout bête ;
Je vous ai vue, et va t' promener !
L'homme, en sa qualité d' girouette,
N'attend qu'une femme pour tourner.
Voilà votre ouvrage, cruelle!
Et pourtant, j' vous l' jure, mam'zelle...
Lorsque j'étais soldat, etc.

CLARA.

Écoutez-moi bien, monsieur Joseph. Il est possible qu'un jour... allons, oui, c'est possible... mais, en attendant, voici la consigne...

JOSEPH.

Parlez, brigadier...

CLARA.

Ne plus escalader les fenêtres... et surtout ne pas grimper aux échelles... comme cette nuit où le capitaine...

JOSEPH.

Ah! ne m'en parlez pas; dès que je l'ai entendu... je n'ai pas été longtemps à dégringoler... Il ne m'a pas vu...

CLARA.

Non... mais il a trouvé l'échelle renversée sous ma fenêtre... et, comme ma chambre est près de celle de madame, sa jalousie a dû lui monter la tête et lui faire supposer des choses...

JOSEPH.

C'est encore possible, ça... à preuve que, depuis cette nuit-là... il fait des rondes dans toute la maison, comme s'il était de semaine...

CLARA.

C'est que souvent il m'a fait peur... On le croit très-loin, et tout à coup... crac...

## SCÈNE II

LES MÊMES, MONTANBRÈCHE. (*La porte du fond s'ouvre précipitamment, Montanbrèche paraît.*) *

CLARA ET JOSEPH, *effrayés.*

Ah !...

* Clara, Montanbrèche, Joseph.

MONTANBRÈCHE.

Quoi!... qu'avez-vous ?...

CLARA.

Mais!... rien!

JOSEPH.

Rien, capitaine!...

MONTANBRÈCHE, *à Joseph*.

Que fais-tu ici... toi?... pourquoi es-tu dans ce boudoir?

CLARA.

Il venait...

MONTANBRÈCHE.

Taisez-vous... (*A Joseph*.) Voyons, parle...

JOSEPH.

Capitaine, je...

MONTANBRÈCHE.

Pourquoi te troubles-tu?

JOSEPH.

Mais... je ne me trouble pas.

CLARA.

Permettez, capitaine...

MONTANBRÈCHE.

Taisez-vous donc... (*A Joseph*.) Tu n'es pas venu ici sans raison... Je veux savoir... voyons... répondras-tu?

JOSEPH.

Mais... je... c'est mademoiselle Clara qui m'avait appelé pour l'aider à raccrocher ces armes tombées de la panoplie...

MONTANBRÈCHE.

Ah!... c'est pour ça!...

CLARA, *à part*.

Il n'est pas bête...

JOSEPH.

Elle avait peur que ces pistolets fussent chargés... c'est si poltron les femmes !

MONTANBRÈCHE.

C'est bien... Il n'est venu personne en mon absence?...

CLARA.

Non, monsieur...

MONTANBRÈCHE.

Mais ce n'est pas vous que je questionne. *(A Joseph.)*
Réponds, toi...

JOSEPH.

Non, capitaine... personne...

MONTANBRÈCHE, *à Clara.*

Où est madame ?... *(Clara ne répond pas.)* Je vous demande où est madame...

CLARA.

Ah ! c'est à moi... je croyais... Dans sa chambre, monsieur !... en train de lire...

MONTANBRÈCHE, *vivement.*

Une lettre ?...

CLARA.

Non, monsieur, le journal...

MONTANBRÈCHE.

Assez, c'est bon... Sortez... sortez tous deux !... *Ils
sortent par le fond.)* Une femme de chambre... une
complice !... mais Joseph... un soldat !... Non, c'est impossible... il ne voudrait pas que son maître, que son
capitaine... Ah ! quelle faute j'ai faite en me remariant !...
*(Assis sur le canapé.)* J'avais été si heureux avec ma première femme... elle était de mon âge... et douce, préve-
nante... pas coquette... un ange !... Tandis que... *(Se levant.)* Voyons, voyons ; pourtant il ne faut pas exagérer, et
pour accuser, il faut des preuves... Des preuves? mais j'en
ai... Cet homme qui pénètre la nuit dans mon jardin... qui
déplace mes échelles, et qui, à mon approche, se sauve en
écrasant mes plates-bandes... Est-ce assez concluant et ai-je
tort ?... Eh bien !... oui... pourquoi supposer un amant ?...
ce pouvait être un voleur. Quand on habite à Boulogne, à
deux pas du bois, une maison, *(allant à la fenêtre,)* dans
laquelle on entre de plain-pied... car ces fenêtres... Mais
voilà encore des pas d'homme, et c'est récent, la terre
est fraîchement foulée... Ah!... morbleu !... amant ou
voleur, si je le découvre jamais !... *(On entend rire à*

*gauche.)* Ma femme !... Qu'elle ne se doute pas !... Si c'est un voleur, je ne veux pas l'effrayer... Dans l'autre cas, je serais trop bon si je la prévenais....

## SCÈNE III

MONTANBRÈCHE, AMÉLIE, CLARA. *

AMÉLIE *entre, un journal à la main et riant avec Clara.*

CLARA, *riant.*

Ah ! ah ! le fait est que c'est bien drôle...

MONTANBRÈCHE.

Quoi donc ?

AMÉLIE.

Ah ! c'est vous... Laisse-nous... Clara... *Clara sort.*

MONTANBRÈCHE, *à part.* **

Elles sont de connivence... c'est clair... (*Haut.*) Et peut-on savoir la cause de cette hilarité ?...

AMÉLIE.

Une histoire que rapporte ce journal... une nouvelle folie de monsieur de F....

MONTANBRÈCHE.

Monsieur de F....?

AMÉLIE.

Mais oui... vous savez bien... cet extravagant... ce fou... dont vous avez fait connaissance... dans un duel, je crois...

MONTANBRÈCHE.

Ah! le comte de Fougeron !... En effet, j'ai servi de témoin contre lui... Qu'a-t-il donc fait encore de si excentrique ?...

AMÉLIE.

Oh ! c'est une histoire déjà ancienne, car elle date de six mois... Il a invité en janvier dernier, notez bien le mois, une de ces demoiselles à déjeuner, dans une villa, à Ville-d'Avray....

MONTANBRÈCHE.

Eh bien !... mais tout le monde en ferait autant.

* Clara, Amélie, Montanbrèche.
** Montanbrèche, Amélie.

AMÉLIE.

Attendez donc!... Et lorsqu'après déjeuner, la belle invitée est descendue au jardin... elle a trouvé un jardin du mois de mai... des fleurs partout... en janvier! Ce monsieur avait dépensé cinquante mille francs pour faire une niche à la nature... et une surprise à cette demoiselle....

MONTANBRÈCHE.

Aussi le comte de Fougeron est-il interdit.

AMÉLIE.

Interdit?...

MONTANBRÈCHE.

Privé de ses droits civils.

AMÉLIE.

Ah! pauvre jeune homme!...

MONTANBRÈCHE.

Vous le plaignez?...

AMÉLIE.

Non, certes... On a bien fait... Un monsieur qui improvise des printemps...

MONTANBRÈCHE, *remontant.* *

Si ce n'était que cela... mais il est le héros de tant d'autres folies!

AMÉLIE.

Oh! racontez-lez-moi...

MONTANBRÈCHE.

Cela vous intéresse donc?

AMÉLIE.

Mais oui! il est original ce monsieur.

MONTANBRÈCHE.

Et l'originalité plaît aux femmes, n'est-ce pas?

AMÉLIE.

Mais oui... je suis assez friande de ces petites chroniques d'outre-monde, assaisonnées d'une pointe de scandale... Je suis une curieuse. je l'avoue, et cela m'amuse...

MONTANBRÈCHE.

Vraiment!

* Montanbrèche, Amélie.

AMÉLIE, *assise sur le canapé et brodant.*

Voyons... parlez-moi donc de ce comte de Fougeron...
Quel homme est-ce?... Est-il brun?... est-il blond?...

MONTANBRÈCHE.

Il est affreux !

AMÉLIE.

Alors il est charmant... Vous me le présenterez, n'est-ce
pas ?...

MONTANBRÈCHE.

Comment donc?... pour qu'il fasse de mon jardin d'été...
un jardin d'hiver...

AMÉLIE.

Racontez-moi seulement ce duel qui vous a valu le plaisir
de le connaître.

MONTANBRÈCHE.

Ce duel?...

AMÉLIE.

Un duel ne saurait avoir de détails scabreux... Cela peut
se raconter même à une femme.

MONTANBRÈCHE, *à part.*

Une idée! Je vais la dégoûter de lui. (*Haut, prenant
une chaise.*) Soit... Un jour, je rencontre sur les boule-
vards le capitaine Mauroy...

AMÉLIE.

Oui... je sais... un célibataire endurci...

MONTANBRÈCHE.

Et plein de sens!...

AMÉLIE.

Merci!...

MONTANBRÈCHE.

Hein? (*S'excusant.*) Oh! non!—« Tiens, Montanbrèche, »
s'écrie-t-il en me serrant la main, « tu vas me servir de témoin.—Volontiers. De quoi s'agit-il?   Un petit monsieur
s'est permis de lorgner d'un peu trop près une dame que
j'avais à mon bras... Je l'ai appelé polisson... il s'en est offensé, et, comme l'insulte vient de moi, tu lui laisseras le
choix des armes. » Deux heures après, je me rends, avec un
autre officier, chez le comte, et nous le trouvons en train de
prendre une leçon de danse...

1.

AMÉLIE.

De danse!...

MONTANBRÈCHE.

« Ah! très-bien! » dit-il en nous apercevant et sans cesser de sautiller devant un monsieur qui jouait du violon, « vous venez pour l'affaire Mauroy, je sais... C'est un duel à mort... Ne vous occupez pas des armes, je les apporterai... j'en ai le choix... A six heures, au bois de Vincennes, au rond-point... » Et, comme nous restions immobiles et un peu étonnés d'une pareille réception...

AMÉLIE.

Il y avait de quoi...

MONTANBRÈCHE.

« Mille pardons, messieurs, » nous dit-il, « mais il y a une soirée dansante, demain, chez la petite Abricotine, et j'ai promis d'y importer un nouveau cavalier seul... de mon invention... A demain matin, messieurs... veuillez m'excuser si je ne vous reconduis pas... »

AMÉLIE.

Un duel et un bal dans la même journée... voilà une existence bien remplie!

MONTANBRÈCHE.

Le lendemain, à peine arrivés au rendez-vous, nous voyons trois jeunes gens descendre de voiture, et venir à nous... Le comte de Fougeron, sérieux et même grave, cette fois, s'avance et dit à son adversaire : « Je suis l'offensé, j'ai le choix des armes ; nous nous battrons à bout portant... » En disant cela, il présente un pistolet à Mauroy et garde pour lui une épée...

AMÉLIE.

Une épée contre un pistolet?...

MONTANBRÈCHE.

Nous crûmes tous à une mystification, à quelque fin de non recevoir ; nous étions furieux... Mais le comte et ses amis étaient calmes... C'était sérieusement qu'ils proposaient cette partie.

AIR : *Je suis Français.*

A la fin leur sang-froid nous fâche,
Et Fougeron, traité de freluquet,

L'épée en main, appelle Mauroy : lâche !
Dame ! à ce mot, sur l'insolent muguet
Mauroy tire son pistolet!

AMÉLIE.

Ciel !

MONTANBRÈCHE.

D'un coup d'épée impossible à comprendre,
Le projectile est au diable lancé.
On avait vu de Fougeron se fendre,
Et de Mauroy le bras fut traversé.

*(Il se lève.)*

Sans l'expliquer, sans même le comprendre,
Voilà comment ce duel s'est passé !
Oui, voilà comment il s'est passé !

AMÉLIE.

Il est brave !...

MONTANBRÈCHE, *à part.*

Allons, bon... je le fais valoir... Elle va en rêver...

AMÉLIE.

Il est très-brave.... mais on interne à Charenton des cer-
veaux moins dérangés.

MONTANBRÈCHE.

Aussi... n'étonnera-t-il personne, le jour où il y sera
conduit... *(Ici la pendule sonne une demie.)* Midi et demi,
et Tartinois qui m'attend...

AMÉLIE.

Vous me quittez ?...

MONTANBRÈCHE.

Eh ! oui..... pour ce contrat de mariage de Suzanne.....
Tartinois veut me consulter... comme si un dragon s'enten-
dait à tout cela...

AMÉLIE, *se levant.*

Vous avez vu le futur de Suzanne ?

MONTANBRÈCHE.

Oui, Tartinois me l'a présenté hier.

AMÉLIE.

Est-il bien ?

MONTANBRÈCHE.

Profil ordinaire... Ni bien... ni mal... Ah ! tenez-vous

prête pour deux heures... Et si, par hasard, je n'ai pas le temps de revenir vous prendre... faites-vous accompagner par Joseph.

AMÉLIE.

Soyez tranquille... je serai exacte... Mais tâchez donc de revenir...

MONTANBRÈCHE.

Je tâcherai... (*Il sort par le fond.*)

AMÉLIE, *seule.*

Qu'il est aimable mon mari! (*L'imitant.*) « Je tâcherai! » Et il part sans m'embrasser... Et dire que cet homme-là m'adore... Que peut-il avoir depuis quelques jours? J'ai beau réfléchir, faire mon examen de conscience, je ne devine pas... Ah! pauvre Suzanne qui va se marier, comme elle doit aussi faire de beaux projets, les projets que nous faisons toutes à la veille du grand jour... C'est si beau le mariage... vu de loin... Il est vrai qu'elle épouse un homme de son âge... et pourtant je ne sais... je ne la crois pas... non... Je l'observais hier, et je remarquais, dans ses manières, sur son visage, un trouble, une contrainte... Je suis curieuse de voir son futur... Il a été assez sobre de visites à Boulogne, ce monsieur... Et peut-être même est-ce pour cela que Suzanne... (*On sonne.*) Quelqu'un, et je vais sortir...

## SCÈNE IV

### AMÉLIE, CLARA.

AMÉLIE.

Qui est-ce?...

CLARA.

C'est un monsieur qui demande à parler à madame...

AMÉLIE.

A mon mari, vous voulez dire.

CLARA.

Non madame... Ce monsieur a dit qu'il savait très-bien que monsieur Montanbrèche venait de sortir...

AMÉLIE.

Vous aurez mal compris... A-t-il donné son nom?

CLARA, *donnant une carte.*

Voici sa carte.

AMÉLIE, *lisant.*

Hector Madinier... Mais c'est le futur de Suzanne... C'est à moi qu'il veut parler?

CLARA.

Oui, madame.

AMÉLIE.

Faites entrer monsieur Madinier et priez-le d'attendre... (*Elle sort par la gauche.*)

CLARA, *allant au fond.*

Si monsieur veut se donner la peine...


## SCÈNE V

CLARA, MADINIER, *il a une canne.* *

CLARA.

Madame prie monsieur de vouloir bien l'attendre un moment...

MADINIER.

Un moment!... c'est très-élastique ça...

CLARA, *lui présentant un siége.*

Si monsieur veut s'asseoir...

MADINIER.

Merci!... je ne tiens pas à m'installer... je suis un peu pressé... (*Apercevant le portrait.*) Ah! c'est le capitaine cela?

CLARA.

Oui, monsieur...

MADINIER.

Oui, oui, je le reconnais... Un homme solide, hein?

CLARA.

Oh! monsieur, un fier homme!

MADINIER, *appuyant.*

Un batailleur!

* Madinier, Clara.

CLARA.

Oh! un homme terrible... (*se reprenant*) dans l'occasion.

MADINIER, *désignant la panoplie.*

Et des armes en faisceau.

CLARA.

Ah! dame, un soldat. un ex-dragon.

MADINIER, *rêveur.*

Oui, oui, oui... Ta maîtresse sera-t-elle longue?

CLARA.

Je ne crois pas. monsieur.

MADINIER.

Attendons.

CLARA.

Monsieur n'a pas d'autres informations à prendre?...

MADINIER.

Non, merci... (*Clara remonte.*) Ah! si! dis-moi... Ton maître est sorti. n'est-ce pas?

CLARA.

Mais il m'a semblé que monsieur savait...

MADINIER.

Oui... parfaitement. *A part.** Sans cela je ne serais pas entré. (*Haut.*) Penses-tu qu'il soit longtemps dehors?

CLARA.   ·

Ah! pour cela, je l'ignore...

MADINIER, *à lui-même.*

Oh! oui, il est chez mon futur bel-oncle... et jai tout le temps... (*Haut.*) Merci.

CLARA, *sortant.*

Qu'est-ce qu'il peut donc avoir à dire à madame?

MADINIER, *seul, s'asseyant.*

Ah! je ne puis me le dissimuler, ma commission est délicate, (*se levant*) fructueuse, mais délicate ; une commission payée cent mille francs. Certainement qu'à ce prix-là mon cousin ne pouvait pas manquer de commissionnaires. (*Regardant le portrait.*) Faut-il qu'une femme ait du courage pour tromper un homme comme celui-là ! Et mon cou-

_______________
* Clara, Madinier.

sin Boniface, fallait-il qu'il fût enragé pour... *(Regardant la panoplie.)* Des sabres, des poignards... Si je revenais une autre fois... mon contrat se signe à deux heures, et... non, puisque j'y suis... voyons... *(Tirant un portefeuille de sa poche.)* Ai-je bien tout ce qu'il me faut ? Le petit paquet, le voilà... Et cela ?... ah ! c'est mon titre de cent mille francs que j'ai retiré ce matin de chez mon agent de change pour en justifier au contrat... *(Voyant la porte de gauche s'ouvrir et remettant précipitamment le tout dans sa poche.)* La voici, hâtons-nous.

## SCÈNE VI

### MADINIER, AMÉLIE. *

AMÉLIE.

Monsieur Madinier ?

MADINIER.

Oui, madame !

AMÉLIE.

Veuillez vous asseoir... *(Elle s'assied à gauche.*

MADINIER, *allant prendre une chaise, à part.*
Belle créature. Décidément, mon cousin était un gourmet.

AMÉLIE.

C'est vous, monsieur, qui allez épouser la nièce de notre voisin et ami, monsieur Tartinois?

MADINIER.

En effet, madame... et je bénis doublement ce mariage, car, grâce à lui, j'ai le plaisir de pouvoir remplir une mission sacrée...

AMÉLIE.

Une mission ?...

MADINIER.

Voilà six mois que je vous cherche, madame...

AMÉLIE.

Moi, monsieur !...

* Amélie, Madinier.

MADINIER.

Si toutefois vous êtes bien la femme de Montanbrèche
Henri-Frédéric, ex-capitaine au 6<sup>me</sup> dragons ?

AMÉLIE.

Mais sans doute...

MADINIER.

Démissionnaire en mars 1865 ?...

AMÉLIE.

C'est bien cela...

MADINIER.

Et, en 1863, en garnison à Fontainebleau ?...

AMÉLIE.

1863 ?... oui, je crois me rappeler...

MADINIER, *à part.*

L'identité est parfaite... (*Haut.* Eh bien! madame, ce
n'est qu'hier que l'oncle de ma future, en me présentant à
monsieur votre mari, m'a enfin tiré de peine.

AMÉLIE.

Je ne comprends pas...

MADINIER.

Cependant mon nom ne doit pas vous être inconnu...
Madinier... *Après une pause.* Je suis l'exécuteur testa-
mentaire de Boniface Madinier... ex-ingénieur à Fontainebleau...

AMÉLIE.

Eh bien! monsieur... après?...

MADINIER, *à part.*

Je comprends!... Elle ne veut pas convenir... tout de
suite... Gagnons sa confiance... (*Haut.*) Mon Dieu! madame, je sais que je touche à un sujet... délicat... mais...
rassurez-vous!... je suis un galant homme... (*Tirant un
mouchoir de sa poche et s'attendrissant.*) Et, d'ailleurs, j'étais l'ami intime, le seul parent de mon pauvre
cousin, mort, il y a six mois, à Fontainebleau... par la
faute de son médecin... (*Il s'essuie les yeux avec son
mouchoir.*)

AMÉLIE.

Veuillez, je vous prie, monsieur, me faire comprendre en
quoi ces détails touchants... peuvent me concerner...

**MADINIER,** *à part.*

Ménageons sa pudeur... *Haut.*) Je l'ignore... Mon cousin ne m'a fait aucune confidence... Il a emporté son secret avec lui... Seulement, quelques instants avant de mourir : «Hector,» m'a-t-il dit, «je te lègue toute ma fortune, à la seule condition d'exécuter, tout de suite et scrupuleusement, mes dernières volontés... » Or, ces volontés, les voici... consignées dans une petite note de sa main... (*Il a tiré le portefeuille de sa poche, et y prend un papier.*)

**AMÉLIE.**

Mais enfin...

**MADINIER.**

Écoutez, madame : (*Lisant.*) « S'informer de la ville où
» le 6ᵐᵉ dragons est en garnison ; chercher à bien connaître
» le capitaine Montanbrèche, et remettre, à son insu, à sa
» femme... » (*Parlé.*) Son insu est souligné... (*Lisant.*)
« Remettre le dépôt ci-joint... »

**AMÉLIE.**

Un dépôt...

**MADINIER,** *montrant un paquet de lettres cacheté.*
Le voici, madame. (*Il le lui offre.*)

**AMÉLIE.**

Mais, monsieur, il y a erreur... Il n'est pas pour moi...

**MADINIER,** *lui montrant l'adresse.*
« A madame Montanbrèche... »

**AMÉLIE.**

Mais je n'ai jamais connu votre cousin...

**MADINIER.**

Je n'en sais rien, madame ; mais ce dépôt est bien pour vous... (*Il offre le paquet.*)

**AMÉLIE.**

Je ne veux pas le recevoir...

**MADINIER,** *à part.*

Donnons-lui un prétexte !... (*Haut.*) Ce secret intéresse peut-être votre mari... et, pour lui rendre service, vous devez...

**AMÉLIE,** *prenant le paquet qu'elle ouvre.*
Ce sont des lettres...

MADINIER.

Des lettres!... Ouvrez-en une seule, et vous saurez...

AMÉLIE, *qui a pris une des lettres.*

Je n'ose, en vérité...

MADINIER, *se levant.*

C'est la volonté d'un mourant...

AMÉLIE, *jetant les yeux sur la signature.*

Ciel!... (*Elle se lève.*)

MADINIER, *à part.*

Elle a tressailli... Elle avoue!

AMÉLIE.

Honorine!...

MADINIER.

Votre nom?...

AMÉLIE, *passant devant lui.* *

Mais nullement, monsieur... Honorine est le nom de la première femme de monsieur Montanbrèche...

MADINIER

Air du *Piége.*

Que dites-vous?

AMÉLIE.

La vérité !

MADINIER.

Vous êtes?...

AMÉLIE.

Sa seconde femme.

MADINIER, *à part.*

Ah! qu'ai-je fait?

AMÉLIE, *à part.*

Tant de duplicité !

MADINIER, *à part.*

C'est ridicule.

AMÉLIE, *à part.*

C'est infâme!

---

* Amélie, **Madinier.**

MADINIER, *haut.*

Pardonnez au trouble inconnu...

AMÉLIE.

Ma surprise égale la vôtre.

MADINIER, *à part.*

Imbécile d'être venu
L'initier aux cascades de l'autre...
Devais-je la prendre pour l'autre!

AMÉLIE.

Ah! monsieur!... quelle révélation!... Si mon mari se doutait...

MADINIER, *avec force.*

Madame, je me fie à votre discrétion...

AMÉLIE.

S'il apprenait que vous m'avez remis ces lettres... il vous tuerait!...

MADINIER.

Hein!... je me sauve!... Désolé, madame, de vous avoir dérangée...

MONTANBRÈCHE, *en dehors.*

Joseph!...

MADINIER, *qui allait sortir.* *

Ciel!...

AMÉLIE.

Sa voix!...

MADINIER, *fermant la porte du fond au verrou.*
Je suis perdu!...

AMÉLIE.

Que faites-vous, monsieur?

MONTANBRÈCHE, *au dehors.*

Comment!... cette porte est fermée?

MADINIER.

Ah! cette fenêtre...

MONTANBRÈCHE.

Ouvrez! ouvrez, madame!...

* Madinier, Amélie.

MADINIER *saute par la fenêtre. A ce moment un papier s'échappe de son portefeuille qu'il tenait encore à la main et tombe près de la fenêtre.*
Sauve qui peut!... (*Il disparaît.*)

AMÉLIE.

Et ces lettres!... ces lettres!... où les cacher?... Ah! ce meuble!...

MONTANBRÈCHE.

Ouvrez, ou je brise la porte!

AMÉLIE, *mettant les lettres dans le secrétaire et refermant à clef.*

Voilà, voilà, mon ami!... (*Elle va ouvrir.*)


## SCÈNE VII

### AMÉLIE, MONTANBRÈCHE.

MONTANBRÈCHE, *se précipitant et cherchant partout.*
Seule!... non... c'est impossible!...

AMÉLIE.

Qu'avez-vous donc?

MONTANBRÈCHE, *allant à la fenêtre.*
Ah!... je savais bien... un homme...

AMÉLIE.

Ciel!...

MONTANBRÈCHE.

Il fuit à travers les massifs!... Oh!... je le rattraperai!... *Il va prendre un sabre à la panoplie; le sabre lui échappe des mains et tombe près de la fenêtre; en le ramassant, il aperçoit un papier qu'il prend en même temps.*

AMÉLIE, *qui a vu le mouvement de son mari. — A part.*
Une de ces lettres... sans doute!

MONTANBRÈCHE, *à part et ouvrant le papier en tournant le dos à Amélie.*

Qu'ai-je vu! un titre de rente au porteur! cent mille francs!... Oh! maintenant, je le retrouverai!

# ACTE DEUXIÈME

Un salon élégant. — Meubles disposés très-régulièrement. Porte au fond, portes latérales; fenêtre à gauche. Une jardinière avec fleurs près de la fenêtre, à l'avant-scène. Tableaux : un paysage à droite, près de la cheminée; un portrait de vieillard à gauche, près de la fenêtre. — Canapés au fond des deux côtés. Guéridon à gauche ; un pouf, etc.

—

## SCÈNE PREMIÈRE

TARTINOIS, SUZANNE. * *(Suzanne, assise, arrange une coiffure de fleurs artificielles ; Tartinois est assis de l'autre côté du guéridon.)*

### TARTINOIS.

Mon Dieu !... je sais bien que ce n'est pas tout à fait ce qui s'appelle un mariage d'amour... non... c'est un mariage d'occasion... de hasard... Nous avons rencontré ce jeune homme, l'hiver dernier, aux petites sauteries de madame Montferré... une personne sûre qui nous a donné sur lui les renseignements les plus flatteurs... Du reste... il m'a plu tout de suite... ce prétendu-là !... Il a une bonne figure... un air honnête et calme, calme surtout... Voilà une bonne qualité en ménage... Et puis, sans être copié sur l'antique... il n'est pas défectueux... Enfin, c'est un bon parti... cent mille francs du côté du mari... cent mille francs du côté de la future... Dix mille livres de rentes pour pendre la crémaillère conjugale... c'est un joli point de départ... Ai-je raison?... Tu dis?...

SUZANNE, *tirée de sa réflexion par le dernier mot.*
Mon oncle?

### TARTINOIS.

Comment, tu ne m'écoutais pas?

### SUZANNE.

Mais si... vous disiez?...

* Suzanne, Tartinois.

TARTINOIS.

Je te parle de ton futur, monsieur Madinier, et je disais
que ma conscience de tuteur pouvait se frotter les mains...
tu fais là un excellent mariage...

SUZANNE.

Excellent!... vous croyez?...

TARTINOIS.

Mais oui... n'est-ce pas ton avis?

SUZANNE.

Je ne sais...

TARTINOIS.

Comment!... voilà une heure que je fais le bilan de la
situation... et....

SUZANNE.

Ah! mon oncle, si j'osais...

TARTINOIS

Tu as une objection à me faire?

SUZANNE.

Non... mais une confidence...

TARTINOIS, *à part, se levant.*

C'est un nuage... tant pis!... (*Haut.*) Voyons, parle...

SUZANNE, *se levant.*

C'est que c'est très-embarrassant!... et voilà si longtemps
que j'hésite...

TARTINOIS.

Longtemps!... (*A part.*) La chose a des racines... (*Haut.*)
Voyons, parle sans crainte.

SUZANNE.

Vous rappelez-vous m'avoir conduite, cet hiver, deux
fois, au bal de l'Hôtel de ville?...

TARTINOIS.

Parfaitement... C'est superbe... mais ça finit trop tard...

SUZANNE.

Vous avez dû remarquer un jeune homme qui, pendant
ces deux soirées, n'a pas cessé de danser avec moi...

TARTINOIS.

Nullement: je regarde danser les femmes... parce que
c'est gracieux... mais les hommes... non, je t'avoue...

SUZANNE.

Alors, vous ne l'avez pas remarqué?

TARTINOIS.

Non... mais je le connais peut-être. Comment le nom-mes-tu ?

SUZANNE.

Le comte de Fougeron...

TARTINOIS.

De Fougeron!... Attends donc... le nom ne m'est pas inconnu... mais je ne vois pas le personnage...

SUZANNE.

Ah! mon oncle, un jeune homme charmant, aimable. spirituel et dansant avec une grâce...

TARTINOIS.

Diable ! diable! Il a bien des qualités ce monsieur!...

SUZANNE.

Est-ce qu'il n'est jamais venu pour vous voir?

TARTINOIS.

Jamais!... pourquoi veux-tu?...

SUZANNE.

C'est qu'il m'a promis de...

TARTINOIS.

De ?...

SUZANNE.

De venir vous demander ma main.

TARTINOIS.

Cet hiver... et nous sommes au mois de juin... il est en retard... Ton comte est un farceur... il t'a trouvée gentille, et t'a débité, pour meubler sa conversation, des galanteries sans importance... D'ailleurs, le contrat doit être signé à deux heures, et je trouve singulier que nous parlions (*tirant sa montre*) à une heure d'un autre mari...

SUZANNE.

Vous avez raison ; alors c'est bien décidé, j'épouse mon-sieur Madinier ?

TARTINOIS, *avec force*.

Comment, si c'est décidé!... mais ce mariage est indis-pensable si tu tiens à conserver ta propriété d'Épernay.

SUZANNE.

La maison qui a toujours appartenu à notre famille... où j'ai été élevée... oh! oui, j'y tiens...

TARTINOIS.

Sans compter que c'est une excellente affaire... Une propriété qui vaut trois cent cinquante mille francs et que nous pouvons avoir pour deux cent mille...

SUZANNE.

Oui... je sais...

TARTINOIS.

Madinier a compris cela tout de suite... et il doit remettre aujourd'hui même cent mille francs au notaire.

SUZANNE.

Allons, je le vois bien, c'est fini... j'épouserai monsieur Madinier... *(en sortant à gauche)* mais c'est égal, je penserai toujours à l'autre...

TARTINOIS, *seul.*

Ce sera bien flatteur pour Madinier... mais ça le regarde : l'important pour moi, c'est de marier ma nièce, de lui rendre ses comptes de tutelle, auxquels il ne manque pas une virgule... et ensuite... je serai libre... libre et seul... ne relevant que de moi-même... un bonheur que le destin m'a toujours refusé. Marié très-jeune à une femme légèrement autocrate, je devins veuf... lorsqu'une décision du conseil de famille m'investit des fonctions de tuteur... voilà ma vie... Heureusement que je vais pouvoir abdiquer. *Il s'assied à droite.*

## SCÈNE II

TARTINOIS, FOUGERON. (*Fougeron ouvre la porte à deux battants, regarde à gauche et à droite et marche droit devant lui jusqu'à l'avant-scène. **

TARTINOIS.

Hein?...

FOUGERRON, *sans le regarder.*

Ne vous dérangez pas... (*Il aperçoit les fleurs que Suzanne a laissées sur un meuble, y court et les examine.*)

* Fougeron, Tartinois.

TARTINOIS, *à part, se levant.*

Quel est ce monsieur?... Peut-être un invité du futur...
(*Fougeron laisse les fleurs et se met à examiner le salon.*)
Ah ça, mais... pourquoi laisse-t-on entrer?... (*Criant.*)
Baptiste!...

FOUGERON.

N'appelez pas Baptiste, il m'appartient...

TARTINOIS.

Comment, il vous appartient?

FOUGERON.

Je l'ai acheté...

TARTINOIS.

Acheté!

FOUGERON, *saluant.* *

Monsieur Tartinois?

TARTINOIS.

Oui, monsieur...

FOUGERON, *l'examinant.*

Oui, c'est bien ainsi que je me le représentais.

TARTINOIS.

Comment?... que signifie?

FOUGERON.

Vous auriez été au milieu de vingt personnes et l'on
m'eût dit : Quel est Tartinois? que j'aurais répondu sans hésitation : Le voilà!

TARTINOIS.

Mais enfin, monsieur...

FOUGERON, *remontant.*

Pardon, monsieur, vous permettez... (*Il prend une jardinière qui se trouve à gauche et vient la placer devant
la cheminée.*) Les fleurs ne se mettent pas dans un coin
comme un manche à balai.

TARTINOIS, *à part.*

Quel est cet original?

FOUGERON.

Voyez-vous, c'est mieux. (*Regardant autour de lui.*)

* Tartinois, Fougeron.

Intérieur agréable... Il y a les éléments d'un salon, mais l'arrangement est défectueux.

TARTINOIS.

Défectueux !

FOUGERON. *Il a pris le fauteuil et deux chaises et les place en demi-cercle devant la cheminée.*

Aidez-moi donc. (*Tartinois l'aide à porter le canapé, qu'ils placent de manière à compléter le demi-cercle.*) Trop de symétrie ; c'est sec, c'est inanimé ; ça manque de fantaisie, de laisser-aller... (*Il fait rouler un pouf au milieu du demi-cercle et s'assied.*)La conversation serait impossible... tandis qu'en préparant des groupes... ainsi... (*Il simule une conversation.*)

TARTINOIS, à part.

C'est un fou ! (*Haut.*) Mais enfin, monsieur, veuillez. de grâce...

FOUGERON, se levant. *

Ah !... vous avez des tableaux... des copies... Vous avez des velléités artistiques... mais ce bonhomme-là... (*Montant sur un siége et décrochant un tableau à côté de la fenêtre.*)

TARTINOIS, s'élançant sur le tableau.

Comment, ce bonhomme !

FOUGERON.

C'est mal éclairé.

TARTINOIS, qui a pris le portrait.

Mais c'est mon père, monsieur.

FOUGERON.

Votre père !...

Air de Turenne.

Le placer dans cet endroit sombre...
Pouvez-vous, comme le voilà,
Laisser votre père dans l'ombre
Alors que le jour vient de là ?
(*Il montre la fenêtre.*)

TARTINOIS.

Monsieur...

* Fougeron, Tartinois.

FOUGERON.

Ne niez pas cela.
C'est de là que vient la lumière,
Et sans être ingrat envers lui,
Vous ne pouvez oublier aujourd'hui
Qu'un fils doit le jour à son père.

*(Il lui reprend le tableau, qu'il pose contre le fauteuil, sur lequel il monte; il décroche un paysage à droite.)* *

TARTINOIS.

Ah! ça, corbleu! *(Il lui arrache le paysage.)*

FOUGERON, *toujours sur le fauteuil.*

Chut! oh! chut!... Je vous prie, monsieur, de considérer que j'ai des gants blancs.

TARTINOIS.

Eh! qu'est-ce que cela me fait, vos gants?...

FOUGERON.

Ils vous prouvent que j'ai une communication à vous faire.

TARTINOIS, *s'asseyant, le paysage sur les genoux.*

Une communication!... laquelle?...

FOUGERON.

Monsieur, j'ai l'honneur de vous demander mademoiselle votre nièce en mariage.

TARTINOIS, *très-étonné, se levant.*

Hein?...

FOUGERON, *descendant du fauteuil.*

Je sais qu'elle doit en épouser un autre, mais cet obstacle est un détail insignifiant... J'aime votre nièce et j'en suis aimé.

TARTINOIS.

Monsieur, ces paroles...

FOUGERON.

Sont l'expression de la vérité, sans alliage... Il est vrai qu'en votre qualité d'oncle et de tuteur vous deviez l'ignorer, la vérité... et je suis venu pour la faire luire à vos yeux...

* Tartinois, Fougeron.

TARTINOIS, *posant le paysage à gauche.*

Monsieur... je ne me savais pas autant de patience...
mais je vous préviens... Enfin... qui êtes-vous?...

FOUGERON.

Peut-être mademoiselle Suzanne vous aura-t-elle parlé
de moi... Arthur de Fougeron...

TARTINOIS, *saluant.*

Comment !... le comte de...

FOUGERON.

Elle vous a parlé de moi, j'en étais sûr... Alors, monsieur,
vous me connaissez parfaitement...

TARTINOIS.

Oh ! parfaitement... c'est-à-dire...

FOUGERON.

Je vais alors me faire connaître... Asseyez-vous donc !...
(*Ils s'asseyent.*)

TARTINOIS, *à part.*

Il est très-poli.

FOUGERON.

Je suis le seul héritier direct des comtes de Fougeron ;
ma fortune : six cent mille francs...

TARTINOIS.

Six cent mille francs !...

FOUGERON.

De capital... Trente mille livres de rente au denier
vingt...

TARTINOIS, *plus doux.*

Certainement...

FOUGERON.

Vingt-cinq ans... Mon physique, je l'abandonne à vos
critiques...

TARTINOIS.

Monsieur le comte !...

FOUGERON.

Une santé de fer... demandez à mon médecin... Aucune
infirmité... aucun vice rédhibitoire...

TARTINOIS.

Sans doute, je vous crois...

FOUGERON, *se levant.*

Alors, c'est au mieux... Je vous ai formulé ma demande, vous n'avez pas fait la plus petite objection... merci de votre accueil... je vais prévenir mon notaire...

TARTINOS.

Un instant, monsieur, un instant...

FOUGERON.

Est-ce que vous vous raviseriez?...

TARTINOIS, *se levant.* *

Comment, me raviser!... mais je n'ai rien dit... Certainement, monsieur le comte, je suis honoré...

FOUGERON.

Non... pas de phrases banales... j'ai horreur du banal... Consentez simplement...

TARTINOIS.

Mais, c'est impossible...

FOUGERON.

Voilà un mot dont on abuse...

TARTINOIS.

J'ai engagé ma parole, et vous, un descendant des anciens preux, devez comprendre... C'est aujourd'hui même que je dois signer le contrat de mariage de ma nièce avec...

FOUGERON.

Avec Hector Madinier...

TARTINOIS.

En effet, vous saviez donc...?

FOUGERON.

Vous ne voyez aucun autre obstacle?...

TARTINOIS.

Mais il me semble que celui-là...

FOUGERON.

Madinier est mon ami intime; nous sommes du même cercle, nous nous tutoyons...

TARTINOIS.

Ça n'est pas une raison, ça... au contraire...

FOUGERON.

Retenez bien ceci, monsieur Tartinois... Toutes les fois

* Fougeron, Tartinois.

2.

que Madinier et moi nous avons formé le même projet,
couru le même lièvre... Fougeron arrivait premier, distan-
çait Madinier d'une tête... et son amitié s'est toujours ac-
commodée de mes victoires loyalement obtenues...

TARTINOIS.

Je n'en doute pas, mais...

FOUGERON.

Inutile de discuter ce point. Vous avez, je crois, pour
notaire votre voisin, monsieur Dutillet...

TARTINOIS.

Justement...

FOUGERON.

Et c'est bien aujourd'hui, à deux heures, qu'il doit lire le
contrat !...

TARTINOIS.

Dans cinquante minutes... vous voyez donc bien...

FOUGERON.

Je vais aller le contremander...

TARTINOIS.

Comment, monsieur !... permettez...

FOUGERON.

De là, je passerai chez Durandeau, mon notaire à moi...
Il est très-expéditif... et, en le pressant, nous pourrons
signer dans la soirée... Vous avez fait quelques invitations ?...

TARTINOIS.

Sans doute.

FOUGERON.

C'est au mieux ; il n'y aura qu'un notaire et qu'un mari de
changés... la moindre des choses... A tout à l'heure, mon
cher monsieur Tartinois...

TARTINOIS.

Pourtant, monsieur...

FOUGERON.

Ne me reconduisez pas, c'est inutile... (*Il sort par le
fond.*)

TARTINOIS, *seul.*

C'est un fou, un excentrique !... Hé bien !... il me va...
Il est plein de gaieté... une tournure charmante... Ma nièce

comtesse, hé! hé!... et puis six cent mille francs... Ah!
ah! oui, mais Madinier?... Madinier... Madinier... ma conscience de tuteur m'oblige... Allons trouver ma nièce... et,
sans lui parler de la visite du comte, bien entendu, tâchons
d'approfondir les mystères du bal de l'Hôtel de ville... *(Remontant.)* Car, enfin, si elle l'aime... L'amour... six cent
mille francs... comtesse... *(Regardant autour de lui.)* Je
crois qu'il a raison, le tableau sera mieux là... *(Il accro-
che le portrait à droite.)* Oui, oui... il n'y a pas de com-
paraison. Il a bien fait de me rappeler que je dois le jour à
mon... non, le bon jour... non, un bon jour à mon père...
*(Il disparaît à gauche. A peine est-il sorti que les portes
du fond se rouvrent et Fougeron reparaît.)*

FOUGERON.

Mon oncle, j'avais oublié!... Personne!... Il faut pourtant que je sache quel est le nom de ma future... pour le
donner au notaire... J'aime à croire qu'elle ne s'appelle pas
Tartinois... Où donc est-il l'oncle? *(Sur le point de sortir,
il aperçoit le tableau que Tartinois a accroché.)* Ah! il
a accroché le tableau!...C'est bien mieux... à la place de ce
paysage... une croûte... *(Il va prendre le paysage que
Tartinois a posé près du fauteuil à gauche, et va l'ac-
crocher à la place du portrait, près de la fenêtre.)*


SCÈNE III

FOUGERON, MADINIER.


MADINIER.

Comment! personne dans l'antichambre?... La porte est
ouverte... pénétrons...

FOUGERON, *debout sur la chaise.*
Tiens! Madinier!

MADINIER, *étonné.*
Fougeron... toi, ici!

FOUGERON
Bonjour; ça va bien?

MADINIER.
Que diable fais-tu là?

FOUGERON, *descendant.*

Tu vois, je range...

MADINIER.

Tu connais donc monsieur Tartinois?

FOUGERON.

Depuis dix minutes.

MADINIER.

Et il t'a chargé de l'arrangement de ses tableaux?...

FOUGERON.

Oui, mon cher, il m'a nommé conservateur de sa galerie...
médiocre...

MADINIER.

Arthur!...

FOUGERON, *même ton.*

Hector!...

MADINIER.

Ta présence ici... le lendemain même du jour où je t'ai
fait part de mon mariage!... Quel est ton projet?...

FOUGERON.

Prends garde, cher, si tu me le demandes, je te le dirai...
Les Fougeron jouent toujours cartes sur table.

MADINIER.

Ils doivent perdre!

FOUGERON.

Jamais!

MADINIER.

Eh bien!... parle... j'y tiens!

FOUGERON.

Eh bien! mon ami, Fougeron aimait une jeune fille.

MADINIER.

Toi?...

FOUGERON.

Ne me demande ni comment ni pourquoi. Je l'aimais,
voilà le fait; et de plus, une nuit, dans un bal, entre deux
polkas, j'avais fait à cette naïve enfant la promesse for-
melle de l'épouser; mais, tu comprends, j'hésitais... Un acte
si grave!... peut-être jamais n'aurais-je eu le courage de
l'accomplir, lorsque hier un de mes amis est venu m'apprendre qu'il allait se marier avec la même jeune fille...

MADINIER.

Comment!... ce serait...

FOUGERON.

Ton esprit vif a compris... celle que j'aime est celle que
tu vas épouser...

MADINIER.

Mademoiselle Suzanne?

FOUGERON.

Mademoiselle Suzanne... Ta communication a soufflé sur
mes hésitations... j'allais la perdre...

MADINIER.

Toi, mon ami?...

FOUGERON.

Justement...Avec tout autre, je me serais dit : Laissons-
les marier, la jeune personne m'aime, le mari est un de
mes amis, et, dans quelques mois, j'irai jouer chez eux... le
wisth... à trois...

MADINIER.

Hein!...

FOUGERON.

Mais avec un ami, un intime, fi donc!... L'amitié a ses
devoirs... Donc, ne voulant pas te prendre ta femme après
la noce, j'ai résolu de te la prendre avant...

MADINIER.

Comment?...

FOUGERON.

Je viens de faire ma demande à Tartinois, qui réfléchit...

MADINIER.

Il réfléchit... mais c'est impossible!...

FOUGERON.

Tu lui contestes cette faculté!... c'est mal!...

MADINIER.

Mais...

FOUGERON.

Te voilà prévenu...Cartes sur table... La devise des Fougeron!... Oh! ne te gêne pas... remue-toi... intrigue...
fais-moi mettre à la porte... Seulement, tu me connais...
quand je veux une chose... je la veux bien... Et une fois

lancé à toute vapeur sur ce railway qui conduit à la station
d'hyménée, je deviens une locomotive train express... En
restant sur la voie, tu peux être renversé!... broyé!... pul-
vérisé!...

MADINIER.

Des menaces!

FOUGERON.

Non pas... des signaux d'alarme... le drapeau rouge du
cantonnier!... Gare-toi, mon ami, gare-toi!... (Il sort.)


## SCÈNE IV

MADINIER, seul.

Parlerait-il sérieusement?... C'est qu'il est capable de
tout... un fou, un spadassin... et qui est d'une adresse...
Mais, sac à papier! est-ce qu'il lui est permis de se battre?

Air de *la Robe et les Bottes*.

Déjà privé de ses droits légitimes,
A son conseil il faut qu'il ait recours
Pour disposer de cinquante centimes;
Il ne peut donc disposer de ses jours.
Et cependant, oui, dans un cas tragique,
Je comprendrais qu'il disposât des siens;
Mais je trouverais illogique
Qu'on lui permît de disposer des miens.
Certainement, il serait illogique
Qu'on lui permît de disposer des miens.
Il n'a pas droit de disposer des miens.


## SCÈNE V

MADINIER, AMÉLIE.

AMÉLIE, *entrant et s'adressant à Madinier sans le
reconnaître.*
Je suis sans doute en retard...

MADINIER.
Vous. madame!...

AMÉLIE.

Ah! pardon, monsieur, je croyais...

MADINIER.

Vous êtes seule, madame?... Votre mari?...

AMÉLIE.

Mon mari doit être ici...

MADINIER.

Non, madame, non.

AMÉLIE.

Ce n'est donc pas pour venir ici qu'il m'a quittée.

MADINIER.

Ah! si vous saviez combien je suis heureux de vous revoir...

AMÉLIE.

Merci...

MADINIER.

Seule.

AMÉLIE.

Ah... oui! Mes compliments, monsieur, sur votre façon de vous évader d'un salon...

MADINIER.

La situation avait ses dangers!... madame!... Voyons... pouvais-je dire à un capitaine de dragons... je viens d'avoir le plaisir d'apprendre à votre seconde femme que la première...

AMÉLIE.

Par grâce... monsieur... silence... oubliez vous-même jusqu'à votre visite... et que jamais... Il y va du repos de mon mari... (*Elle remonte.*)

MADINIER.

Je n'aurai garde de le troubler... et puisque heureusement monsieur Montanbrèche ne m'a pas vu...

AMÉLIE, *descendant.*

Mais, au contraire, monsieur, il vous a parfaitement vu...

MADINIER, *avec effroi.*

Comment, moi?... mon visage?...

AMÉLIE.

Non, il n'a pu vous reconnaître...

MADINIER, *avec satisfaction.*
Ah!... (*A part.*) Je respire...

AMÉLIE.
Vous étiez tout au bout du jardin, fuyant, le dos tourné à la maison et à travers des massifs qui vous cachaient presque entièrement...

MADINIER.
Et alors que s'est-il passé?

AMÉLIE.
Mon mari, en vous apercevant, jette un cri, et va s'élancer à votre poursuite, armé d'un sabre...

MADINIER.
Un sabre...

AMÉLIE.
Mais jugez de ma surprise lorsque, après un moment d'anxiété, je le vis déposer tranquillement son sabre sur la table... se tourner vers moi d'un air calme, et me dire naturellement : Je venais vous chercher, êtes-vous prête?

MADINIER.
Prête?...

AMÉLIE.
Oui... pour venir ici... Et comme j'avais encore à mettre un chapeau... il est sorti en me disant : Je suis très-pressé, vous me rejoindrez chez Tartinois... Et je suis restée toute tremblante. (*Elle s'assied près du guéridon.*)

MADINIER, *avec joie.*
Mais, enfin, votre mari ne sait rien; il n'a pas vu mon visage, c'est l'essentiel.

AMÉLIE.
Il y a pourtant une chose qui m'inquiète et que je ne puis m'expliquer...

MADINIER.
Laquelle?

AMÉLIE.
C'est la cause de ce calme soudain. Je sais seulement qu'au moment de sauter par la fenêtre... comme vous... il s'est baissé tout à coup, et...

MADINIER, *voyant la porte de gauche s'ouvrir.*
Silence!... monsieur Tartinois...

## SCÈNE VI

### Les Mêmes, TARTINOIS, SUZANNE.

TARTINOIS, *bas à Suzanne.*
C'est lui!...

SUZANNE, *de même.*
Du courage, mon oncle...

AMÉLIE, *allant à Suzanne.**
Bonjour. Suzanne...

SUZANNE, *à mi-voix.*
Vous voilà... tant mieux... vous nous aiderez.

AMÉLIE.
Un complot?...

SUZANNE.
Chut!... (*Elles vont s'asseoir derrière le guéridon.*)

MADINIER, *qui pendant ce temps a salué.*
Mademoiselle, monsieur... je suis peut-être en avance...
mais la montre d'un prétendu marche très-vite...

TARTINOIS.
Oui... mais celle d'un notaire ne varie pas... (*Tirant la
sienne.*) Dutillet ne sera ici que dans trente-cinq minutes.

MADINIER.
Si mon impatience était de l'indiscrétion...

TARTINOIS.
Du tout.... au contraire... c'est même une bonne idée que
vous avez eue de venir trop tôt... parce que...

MADINIER.
Trop aimable...

TARTINOIS.
Il n'y a pas de quoi... mais avant le contrat on a toujours
quelque explication... C'est ma nièce...

SUZANNE, *se levant et à voix basse.*
Moi!... mais non, c'est vous, mon oncle...

* Amélie, Suzanne, Tartinois, Madinier.

3

TARTINOIS, *bas.*

Mais non, c'est toi... Enfin c'est... tous les deux...
(*Haut.*) Monsieur Madinier, vous êtes un homme charmant.

SUZANNE, *bas.*

Qu'est-ce que vous dites?

MADINIER.

Monsieur!...

SUZANNE, *bas.*

Allez donc!

TARTINOIS.

Les affaires sérieuses commandent la franchise... et ma
nièce me disait... ou plutôt je disais à ma nièce... non pas
que... certainement nous serions désolés l'un et l'autre...
au contraire... mais...

MADINIER.

Arrêtez... monsieur Tartinois... Je devine...

TARTINOIS.

Je n'ai encore rien dit...

MADINIER.

Vous avez vu Fougeron...

AMÉLIE, *qui avait remonté, descendant.* *
Monsieur de Fougeron?...

MADINIER.

Monsieur le comte de Fougeron... Et c'est à lui que vous
me sacrifiez!...

AMÉLIE.

A lui? à un fou?...

SUZANNE ET TARTINOIS.
Un fou!...

AMÉLIE, *à Tartinois.*
C'est donc sérieux?...

TARTINOIS.

Mais... oui... c'est-à-dire... Il est venu en effet me demander la main de ma nièce...

* Suzanne, Amélie, Tartinois, **Madinier.**

AMÉLIE.

Ah ! si vous avez quelque souci de son bonheur, gardez-
vous bien de la lui donner.

SUZANNE, *à Amélie.*

Comment!... c'est ainsi que vous venez à mon aide?...

TARTINOIS.

Mais...

AMÉLIE.

Vous ne connaissez donc pas monsieur de Fougeron?...
mais il est interdit...

TARTINOIS.

Interdit?...

AMÉLIE.

Il a un conseil judiciaire...

TARTINOIS.

Il serait vrai?...

SUZANNE.

Que signifie?...

AMÉLIE.

Cela signifie que ce monsieur est trop jeune et qu'on a dû
lui donner des lisières... Son histoire est connue de tout
Paris... il a dévoré déjà trois héritages...

MADINIER, *à part.*

Elle va très-bien.

AMÉLIE.

C'est un écervelé qui n'est connu que par ses folies, ses
duels et ses maîtresses.

SUZANNE.

Des maîtresses... oh !

TARTINOIS, *résolûment.*

Monsieur Madinier, les affaires sérieuses commandent la
franchise... J'ai eu un moment de défaillance... que voulez-
vous, on n'est pas parfait... Et puis ma conscience de
tuteur...

MADINIER.

Fougeron vous avait séduit...

TARTINOIS.

Oui, un instant... mais sa cause est jugée sans appel...

et si mon hésitation, que je regrette, ne vous fait pas hésiter
vous-même...

MADINIER.

Ah! une pareille supposition...

TARTINOIS, *lui serrant la main.*

C'est bien! assez!... Ma chère Suzanne, j'espère que ce
n'est pas toi qui maintenant...

SUZANNE.

Oh! non, mon oncle! (*A part.*) Des intrigues! je suis in-
dignée!

TARTINOIS.

Mais j'y pense!... il va revenir...

SUZANNE.

Je ne veux pas le revoir...

MADINIER.

Ni moi!... (*A part.*) Évitons toute rencontre...

TARTINOIS.

Je le recevrai seul... (*A Amélie.*) Chère madame, si vous
voulez accompagner Suzanne...

AMÉLIE.

Volontiers... Venez, chère Suzanne... je vais vous dire
comment ce monsieur improvise, en hiver, des jardins d'été.
(*Amélie, Suzanne et Madinier sortent à gauche.*)


# SCÈNE VII

### TARTINOIS, *seul.*

Voyons!... Comment vais-je lui tourner ça?... Parler
raison à un fou, c'est vouloir ne pas être compris; lui oppo-
ser son interdiction, il chercherait à me prouver qu'il est le
plus raisonnable des hommes... Lui dire que le contrat est
signé, qu'il est trop tard... il ferait quelque extravagance...
(*Après une pause.*) Ah! le bien patrimonial!... Je le
tiens!...

## SCÈNE VIII

### TARTINOIS, FOUGERON. *

FOUGERON, *entrant vivement.*

C'est moi... bonjour...

TARTINOIS, *à part.*

Lui!... (*Haut.*) Monsieur le comte...

FOUGERON.

Je sors de chez votre notaire... je lui ai dit que le mariage était rompu... Il ne viendra pas...

TARTINOIS.

Comment?...

FOUGERON.

Ensuite... je suis allé chez le mien... chez Durandeau...

TARTINOIS.

Ah!... très-bien... (*A part.*) Ne le contrarions pas d'abord...

FOUGERON.

Il sera ici dans trois quarts d'heure... C'est un léger changement dans votre programme... mais je sais que nous ne dînons qu'à sept heures, et tout sera bâclé avant le potage...

TARTINOIS.

Très-bien... A votre tour... donnez-vous donc la peine de vous asseoir... et causons... (*Il lui offre un siége.*)

FOUGERON, *se levant aussitôt.*

Volontiers... mais aux termes où nous en sommes, je dois être présenté à ma future... Allons la trouver...

TARTINOIS.

Dans un instant... (*Il s'assied et fait asseoir Fougeron.*) Quelques mots sur la question d'intérêts... c'est la préface ordinaire.

FOUGERON.

Oh! je n'aime pas les préfaces... Enfin, parlez...

* Fougeron, Tartinois.

TARTINOIS.

J'ai vu Suzanne...

FOUGERON, *se levant.*

Elle consent... j'en étais sûr... Je brûle de la voir...

TARTINOIS, *le faisant asseoir.*

Attendez donc... oui... elle consent... mais je dois vous prévenir que le mari de ma nièce est grevé d'une obligation... d'une charge...

FOUGERON.

Une condition... je l'accepte... passons...

TARTINOIS.

Vous êtes riche... ce ne sera donc pour vous qu'une formalité à remplir... Apprenez donc que le futur, en signant le contrat, doit remettre entre les mains du notaire une somme de cent mille francs...

FOUGERON.

Une bagatelle!... Cent mille francs... cinq mille francs de rente... Mais puisque j'en ai trente mille...

TARTINOIS.

Il ne s'agit pas d'intérêts... de revenu... mais de capital... C'est une somme nette et liquide qu'il faut déposer...

FOUGERON.

Pourquoi ce cautionnement?

TARTINOIS.

Ce n'est pas un cautionnement... En deux mots, voici la chose : il s'agit du rachat d'un bien patrimonial auquel ma nièce surtout et moi ensuite tenons beaucoup... Cet immeuble est pour nous plein de souvenirs...

FOUGERON.

C'est sacré cela!...

TARTINOIS.

Et puis c'est un excellente affaire... Suzanne a cent mille francs de son chef... il faut donc que son mari complète la somme...

FOUGERON.

Sans doute... mais on n'a pas toujours cent mille francs sur soi... dans sa poche....

**TARTINOIS.**

Rien ne presse et pourvu que vous les apportiez dans une heure.

**FOUGERON.**

Dans une heure !...

**TARTINOIS.**

Ou demain... Rien ne presse, monsieur le comte...

**FOUGRON, *se levant.***

Permettez... je suis pressé... moi... Nous achèterons votre manoir plus tard...

**TARTINOIS.**

Ah ! mais non... Dans huit jours, si la propriété n'est pas achetée par nous et payée comptant, elle sera mise en vente par adjudication... Il y a donc nécessité absolue... (*Il se lève.*)

**FOUGERON, *à lui-même***

Cent mille francs !... cent mille francs...

**TARTINOIS, *à part.***

Il est cloué !...

## SCÈNE IX

**LES MÊMES, DUTILLET. ***

**DUTILLET, *apercevant Tartinois.***

Ah ! le voilà !

**TARTINOIS.**

Dutillet !...

**FOUGERON.**

Le notaire !... (***A Dutillet.***) Comment, monsieur... mais je vous avais dit...

**DUTILLET.**

De ne pas me déranger... je sais... et c'est justement pour cela que je viens.

**FOUGERON.**

Comment?...

* Fougeron, Dutillet, Tartinois.

DUTILLET.

Eh ! oui, sans doute... je crains un malheur, une cata-
strophe.

TARTINOIS.

Ah ! mon Dieu ! qu'est-ce donc ?

DUTILLET.

Il y a entre cette rupture, qui me fut annoncée par monsieur et ce qui arrive à un de mes clients, une coïncidence...

TARTINOIS.

Une coïncidence... laquelle ?... Parlez.

DUTILLET.

Voyons... Ce futur, avec lequel vous venez de rompre,
ne devait-il pas justifier aujourd'hui d'une somme de cent
mille francs ?...

TARTINOIS.

Sans doute. Eh bien ?

DUTILLET.

Eh bien ! un titre de cent mille francs... a été perdu ce
matin...

TARTINOIS.

Perdu !...

FOUGERON.

Perdu !...

DUTILLET.

Oui... perdu... dans une maison... chez un mari...

TARTINOIS.

Chez un mari !...

DUTILLET.

Mais oui... en son absence... Et c'est le mari qui l'a
trouvé en rentrant.

FOUGERON.

Continuez... continuez...

DUTILLET.

Ah ! mais non... Je ne pourrais sans indiscrétion...

FOUGERON.

C'était intéressant...

**DUTILLET.**

Notaire et conseil du mari, c'est à moi qu'il s'est adressé pour savoir d'abord si j'avais remis à l'un de mes clients un titre de cette nature...

**TARTINOIS.**

C'est juste... votre profession...

**DUTILLET.**

Je lui conseillais de faire poser des affiches, de faire tambouriner dans la commune...

**TARTINOIS.**

Tambouriner qu'un monsieur est venu chez lui en son absence.

**DUTILLET.**

Voilà justement la difficulté ; mon client tient à remettre lui-même le titre à son propriétaire.

**FOUGERON.**

Ah ! il remettrait les cent mille francs à celui qui...?

**DUTILLET.**

Tout de suite, à l'instant... mais celui-là serait un homme mort.

**FOUGERON.**

Votre client le tuerait ?...

**DUTILLET.**

Sans sourciller.

**FOUGERON.**

Il est donc brave ?...

**DUTILLET**, *s'oubliant.*

Le capitaine Montanbrèche...

**TARTINOIS ET FOUGERON.**

Montanbrèche !...

**DUTILLET.**

Allons, bon !... je l'ai nommé !... De grâce, messieurs, oubliez ce nom ; si le capitaine apprenait...

**TARTINOIS.**

Soyez tranquille...

**FOUGERON**, *à part.*

Montanbrèche... capitaine...

3.

TARTINOIS.

Rassurez-vous, Dutillet... je suis trop votre ami.

FOUGERON.

Pour moi, monsieur... je vous jure... D'ailleurs, je retourne à Paris...

TARTINOIS.

Ah ! vous partez ?

FOUGERON.

Je tiens à remplir au plus vite la condition...

TARTINOIS, *à part*.

C'est une retraite déguisée... *(Fougeron remonte à droite, et prend son calepin, sur lequel il écrit.)* *

DUTILLET, *à Tartinois*.

Ce ne sont donc pas les cent mille francs perdus qui sont la cause de votre rupture avec monsieur Madinier ?

TARTINOIS, *bas*.

Il n'y a pas de rupture.

DUTILLET.

Bah !

TARTINOIS.

Les futurs époux sont là... Suivez-moi...** *(A Fougeron, qu'il salue.)* Monsieur le comte...

DUTILLET, *prêt à sortir, revenant à Fougeron.* ***

Surtout pas un mot...

FOUGERON.

J'ai déjà oublié le nom...

DUTILLET.

Montanbrèche...

FOUGERON.

Capitaine...

DUTILLET.

A Boulogne, Seine.

* Dutillet, Fougeron, Tartinois.
** Dutillet, Tartinois, Fougeron.
*** Tartinois, Dutillet, Fougeron.

FOUGERON.

Merci !

DUTILLET.

Allons, bon ! je n'en avais pas assez dit !...

TARTINOIS.

Venez-vous, Dutillet ?...


## SCÈNE X

### FOUGERON, *seul.*

Ah ! excellent notaire ! Montanbrèche, capitaine, à Boulogne (Seine) ; nous y sommes, ça ne sera pas long à trouver... Allons nous faire tuer ! *(Il sort rapidement, et coudoie Montanbrèche, qui entre.)*

MONTANBRÈCHE.

Prenez donc garde....

FOUGERON, *sans le regarder.*

Mille pardons ! monsieur... *(Il sort.)*


## SCÈNE XI

### MONTANBRÈCHE, *seul, s'asseyant.*

Ah ! j'en deviendrai fou !... Je viens de chez Dutillet... de chez Durandeau... Des notaires... ils auraient dû savoir... Rien... Dans les rues, je marche au hasard... observant chaque visage... cherchant à deviner... Rien... Tout le monde est gai... Et pourtant, si pusillanime qu'il soit, un homme ne se décide pas à perdre cent mille francs, et j'espère...

TARTINOIS, *en dehors.*

Venez, passons au salon.

MONTANBRÈCHE, *se levant.*

Et être obligé de sourire...de se contraindre !...Voyons !... du calme !... morbleu !... du calme !...

## SCÈNE XII

MONTANBRÈCHE, MADINIER, TARTINOIS,
DUTILLET, AMÉLIE, SUZANNE.*

TARTINOIS, *à Montanbrèche.*

Ah! c'est lui!... Te voilà donc enfin... déserteur!...

MADINIER, *à part.*

Le capitaine!... quelle chance qu'il ne puisse pas me reconnaître!

TARTINOIS.

Ta femme était inquiète...

AMÉLIE.

Surprise!... je croyais vous trouver ici en arrivant, et...

MONTANBRÈCHE.

Oui... j'ai été retenu... occupé... et je suis même attendu... (*A Tartinois.*) Alors, si personne ne manque...
(*Les deux dames s'asseoient à droite.*)

TARTINOIS.

Personne!... Il ne s'agit que d'entendre le projet de contrat... afin que ce soir, après dîner, on puisse signer sans
ratures... Dutillet... va nous lire ça...

DUTILLET.

Comment! vous lire!... mais je n'ai rien rédigé du tout...
(*Montanbrèche remonte et va s'asseoir au fond.*)

TARTINOIS.

Comment?...

DUTILLET.

Parce que, tout d'abord, il faut nous entendre sur l'ac-
quisition de l'immeuble!... Achetez-vous?... n'achetez-
vous pas?...

TARTINOIS.

Nous achetons!...

DUTILLET.

Très-bien!... c'est aujourd'hui que monsieur... (*désignant Madinier*) devait me remettre cent mille francs.

* Madinier, Tartinois, Montanbrèche, Dutillet, Amélie, Suzanne.

MONTANBRÈCHE.

Hein?...

MADINIER, *tirant son portefeuille.*

Je les ai sur moi...

TARTINOIS.

Sur vous !

MADINIER, *allant à Dutillet.*

Oui ! en un titre que m'a remis ce matin mon agent de change... Ah ! ce n'est pas lourd, allez...

MONTANBRÈCHE, *qui s'est approché.*

Voyons-le donc ce titre, monsieur...

MADINIER, *cherchant.*

Il est là, capitaine. Vous comprenez bien que cent mille francs en métal, ce serait une charge. N'est-ce pas, notaire ? Eh bien ! (*Cherchant avec inquiétude.*) Qu'est-ce que j'ai donc fait ? J'ai tant de papiers. (*Fouillant dans ses poches.*) C'est particulier...

AMÉLIE, *regardant Montanbrèche.*

Qu'a donc mon mari?...

MONTANBRÈCHE, *se contenant.*

Est-ce que vous l'auriez perdu, ce titre ?

TOUS.

Perdu !...

MADINIER.

J'espère bien que non.

MONTANBRÈCHE.

C'est que j'en ai trouvé un, moi...

MADINIER.

Vous !...

AMÉLIE, *qui a entendu, à part.*

Plus de doute... Ce papier qu'il a ramassé, c'était !...

MONTANBRÈCHE.

Oui... chez moi, dans mon domicile !

* Tartinois, Montanbrèche, Madinier, Dutillet, Amélie, Suzanne.

MADINIER.

Ah! ce cher monsieur... qui...

MONTANBRÈCHE.

Seriez-vous venu me voir à mon insu, par hasard?...

MADINIER.

Moi, non, non, jamais... jamais... ja...

MONTANBRÈCHE, *montrant le titre qui est rouge.*
Alors ce titre n'est pas à vous?...

MADINIER.

Oh! (*Jouant le calme.*) Pas à moi, pas à moi... Le mien
était rou... jaune...

MONTANBRÈCHE.

Qu'avez-vous donc?

MADINIER.

C'est la... l'inquiétude... la surprise... la peur de l'avoir
perdu...

AMÉLIE, *à part.*

Il va se trahir...

MONTANBRÈCHE.

Mais, corbleu! tout le monde ne perd pas cent mille
francs, et ce doit être vous...

MADINIER.

Non, non, je... je me souviens; j'ai laissé mon titre chez
l'agent de change... oui... chez l'agent...

TARTINOIS.

Ah! tant mieux! (*A Dutillet.*) Je croyais déjà...

DUTILLET, *bas.*

Moi aussi... (*Les dames se lèvent.*) *

MONTANBRÈCHE, *à Madinier.*

Il faut vous assurer de cela!...

MADINIER.

Oui... je vais à l'instant même... à Paris...

MONTANBRÈCHE

A Paris... j'y vais avec vous.

* Madinier, Dutillet, Tartinois, Montanbrèche, Amélie, Suzanne.

## FINAL.

Air de Couder.

MONTANBRÈCHE, *seul.*

Ce qui vous arrive est étrange,
Voyez l'intérêt que j'y prends !
Heureux si votre agent de change
A gardé vos cent mille francs !

### ENSEMBLE.

MADINIER, *à part.*

O ciel ! par quel miracle étrange
Sortir d'un pareil guet-apens ?
Je n'ai pas chez l'agent de change
Oublié mes cent mille francs.

LES AUTRES.

Tout ce qui se passe est étrange !
C'est un mystère et des plus grands !
A-t-il chez son agent de change
Oublié ses cent mille francs ?

MADINIER, *à part.*

Voilà mes terreurs qui renaissent !

SUZANNE, *à part.*

Comme il tremble !

AMÉLIE, *à part.*

Pauvre garçon !

MONTANBRÈCHE, *à Madinier.*

Vos cent mille francs m'intéressent.

MADINIER.

Ah ! vraiment, vous êtes bien bon.

MONTANBRÈCHE, *allant à lui.*

Votre bras ?...

MADINIER.

Non, je vous dérange.

MONTANBRÈCHE, *avec autorité.*

Du tout !... Je veux, c'est entendu,
Vous suivre chez l'agent de change !...
Prenez mon bras !

(*Il saisit le bras de Madinier.*)

MADINIER, *à part.*

Je suis perdu !

## RÉPRISE.

## ACTE TROISIÈME

Un jardin. — A droite, berceau; puis, grille d'entrée. A gauche, la maison; au fond, un mur dans toute l'étendue de la scène. Siéges. A droite, une table ronde; sur la table, une potiche et une tapisserie.

—

## SCÈNE PREMIÈRE

### CLARA, *seule; elle cueille des fleurs.*

Madame m'a recommandé de ne parler à personne, pas même à monsieur, de la visite de ce jeune homme!... Est-ce que...? Allons donc!... quelle idée!... Je me connais en femmes... et je jurerais de la vertu de madame... plus encore que de la mienne; quoique... Allons, oui, plus encore. — D'ailleurs, puisque ce monsieur va se marier, il ne pouvait venir ici pour... Ça ne se fait pas sitôt... (*Elle va mettre les fleurs dans la potiche.*) Ce doit être quelque histoire à propos de son mariage... D'ailleurs... j'aime madame, moi... Et puis, dans ma difficile carrière, un mensonge... trouve toujours sa récompense. Aussi je me promets à moi-même de ne pas souffler mot... Je n'ai pas peur du capitaine comme ce poltron de Joseph...

## SCÈNE II

### CLARA, JOSEPH.

JOSEPH, *qui entre doucement par le berceau, et qui entend le dernier mot; il a un arrosoir à chaque main.*
Présent!...

### CLARA.

Hein! Encore vous!

### JOSEPH.

Je donne à boire à ces enfants de la nature, mademoiselle... Les chevaux d'abord... les chevaux avant tout le monde... ensuite les fleurs...

CLARA.

Vous leur devez bien cela à ces pauvres fleurs que vous écrasez en courant après moi...

JOSEPH, *déposant les arrosoirs.*

Oh! ça repousse très-bien!... Dites donc, mademoiselle, vous pensiez un peu à moi... hein?

CLARA.

Moi!... Et à cause?...

JOSEPH.

Oh! j'ai bien entendu... vous parliez toute seule... et vous avez dit : Joseph...

CLARA, *riant.*

Ah! oui!...

JOSEPH.

Eh bien! êtes-vous décidée?

CLARA.

A quoi donc?

JOSEPH.

Mais à nous unir indissolublement...

CLARA.

Encore!... Depuis ce matin, c'est la seconde fois que vous me demandez la même chose...

JOSEPH.

C'est que j'y tiens, mademoiselle!...

CLARA.

Oui, je comprends : vous voyez venir l'heure de la retraite, et après avoir folâtré dans les escadrons de guerre... vous voulez entrer au dépôt...

JOSEPH.

Tiens... vous parlez comme un troupier!...

CLARA.

Faut croire que ça se gagne... Mais, franchement, il y a un obstacle à notre mariage.

JOSEPH.

Un obstacle!

#### CLARA.

Je suis d'un pays et surtout d'une famille où l'on vit très-vieux.

#### JOSEPH.

Eh bien... mais...

#### CLARA.

Oui, je sais que vous l'êtes déjà... Et où l'on se marie très-jeune.

#### JOSEPH.

Tiens !

#### CLARA.

Et cela, parce que, de mère en fille, depuis plus de cent cinquante ans, nous avons tenu à honneur de chanter la chanson de la cinquantaine.

#### JOSEPH.

La chanson ?

#### CLARA.

Oui, celle qu'on chante après cinquante ans de mariage.

#### JOSEPH.

Comment, il y a une chanson ?...

#### CLARA.

Ma trisaïeule, ma bisaïeule, mon aïeule l'ont chantée, ma mère la chantera, et moi je veux la chanter aussi.

#### JOSEPH.

Eh bien, chantez-la-moi tout de suite.

#### CLARA.

Je le veux bien. Tenez, voilà ce qu'elle dit.

### LA CINQUANTAINE.

Paroles et musique de M. Lefort.

*(A la représentation on ne chante pas le premier couplet.)*

Sonnez, sonnez, vieille cloche,
Comme il y a cinquante ans;
Car votre doux chant me rapproche
Des beaux jours de mon printemps.
Reposez-vous sous le feuillage,
Bons vieux compagnons de voyage.

Allons donc, monsieur François!
Appelez-moi votre reine!
Le jour de la cinquantaine,
Souvenez-vous d'autrefois!

Entendez-vous la musette,
Vieux François, mon cher époux?
Invitez donc la tante Annette,
Et dansons comme des fous!
En avant deux, la pastourelle!
Pas d'été, je me le rappelle.
Le pas de zéphyr, François!...
Mais vous gigottez à peine;
Le jour de la cinquantaine,
Souvenez-vous d'autrefois!

Jean, prenez garde à la goutte
De notre fille d'honneur!
Mais où donc est mon vieux?... Sans doute
A me cueillir une fleur...
Non, le brigand conte fleurette
A cette vieille tante Annette!...
Allons donc, monsieur François!
Vous courez la pretantaine;
Le jour de la cinquantaine!
Souvenez-vous d'autrefois!

Il se fait tard, joyeux drilles;
Rentrons tous, chacun chez nous;
En avant, les vieilles familles!...
Votre bras, mon cher époux?
C'est ainsi que finit la danse
D'un demi-siècle de constance.
Puis revint la vieille voix,
Sur une brise lointaine :
Le jour de la cinquantaine,
Souvenez-vous d'autrefois!

JOSEPH.

Et vous dites que c'est un obstacle; mais au contraire,
on m'a toujours prédit que je vivrais cent dix ans; par
ainsi... (*On entend un bruit de sonnette à gauche.*)

JOSEPH.

Qu'est-ce que cela?

CLARA,

Mais c'est madame qui sonne! Elle sera rentrée par la petite porte...

JOSEPH.

Comment! Mais elle dîne avec le capitaine, chez les voisins... (*Nouveau bruit de sonnette.*)

CLARA.

Oh! c'est bien elle... Je me sauve!

JOSEPH, *reprenant les arrosoirs.*

Et moi, je vais continuer à abreuver... (*Regardant du côté de la grille.*) Tiens... monsieur qui revient aussi... Il n'est pas seul...

## SCÈNE III

### MONTANBRÈCHE, MADINIER *et* JOSEPH.[*]

MONTANBRÈCHE.

Entrez donc, cher monsieur, entrez donc...

MADINIER, *il a une canne à la main. —A part.*

N'ayons pas l'air de savoir... (*Haut.*) Mais où me conduisez-vous?

MONTANBRÈCHE, *à part.*

Il est très-fort... (*Haut.*) Nous sommes chez moi... dans ma petite villa de Boulogne... un bijou que j'ai acheté l'an dernier...

MADINIER.

Je croyais que vous habitiez Paris?

MONTANBRÈCHE, *à part.*

Cherche à me dépister... va... (*Haut.*) En hiver... seulement... (*Apercevant Joseph.*) Ah! Joseph...

JOSEPH, *avançant.*

Capitaine!...

MONTANBRÈCHE.

Va chercher la clef du petit pavillon... pour monsieur.

JOSEPH.

Oui, capitaine... (*Il sort à gauche, derrière la maison.*)

---

[*] Madinier, Montanbrèche; Joseph, au fond, il arrose.

MONTANBRÈCHE.

Ce petit pavillon est charmant... Une vue superbe... avec
barreaux... sur la campagne...

MADINIER.

Des barreaux !... mais alors vous allez me retenir ici...
m'enfermer ?...

MONTANBRÈCHE.

Parfaitement, mon jeune ami... Vous êtes en état de pré-
vention...

MADINIER.

Mais...

MONTANBRÈCHE.

Ah ! vous aurez beau faire... je ne vous lâche pas.

MADINIER.

Je crois bien. Vous m'avez même conduit chez votre notaire.

MONTANBRÈCHE.

Oui, pour déposer entre ses mains le titre de cent
mille francs... qui me fait toujours l'effet d'être le vôtre...
Il faut que la question s'éclaircisse.

MADINIER.

Mais c'est d'une clarté saisissante... Je vous ai dit qu'un
oubli chez mon agent...

MONTANBRÈCHE.

Oui, votre agent de change... Nous allions prendre le
train à Auteuil... lorque vous m'avez dit : Il est quatre
heures...

MADINIER, *sortant sa montre.*

Eh bien?

MONTANBRÈCHE.

Les bureaux sont fermés...

MADINIER.

C'est exact...

MONTANBRÈCHE.

C'est aujourd'hui samedi...

MADINIER.

Est-ce que...?

MONTANBRÈCHE.

Vous ajoutez que votre agent a une maison de campagne
vous ne savez où... qu'il y passe tous ses dimanches...

MADINIER.

Ces messieurs ont l'habitude...

MONTANBRÈCHE.

Et que, par conséquent. nous ne pouvions le voir que
lundi matin...

MADINIER.

Ça n'est pas ma faute...

MONTANBRÈCHE.

Non... cette version est excessivement vraisemblable...
Aussi je vous offre jusqu'à lundi matin une hospitalité on
ne peut plus écossaise...

MADINIER, *effrayé, à part..*

Mais c'est inouï... Comment! vous persistez à croire...?

MONTANBRÈCHE.

Je ne crois pas... hélas!... je doute... car sans cela,
mille tonnerres!... (*Mouvement de colère qu'il réprime.*)

MADINIER, *à part.*

C'est un tigre!...

MONTANBRÈCHE.

Enfin... nous verrons bien...

MADINIER.

Mais songez, capitaine, que j'aime mademoiselle Suzanne.

MONTANBRÈCHE, *avec doute.*

Oh!

MADINIER.

Que je vais l'épouser... Et comment pouvez-vous supposer qu'un homme qui va se marier...?

MONTANBRÈCHE.

Cela s'est vu.

MADINIER.

Mais, capitaine...

MONTANBRÈCHE.

Silence!... Joseph!...

## SCÈNE IV

### LES MÊMES, JOSEPH.

JOSEPH, *une grosse clef à la main.*
Capitaine, voici la clef...

MONTANBRÈCHE.

C'est bien, tu vas... (*A part.*) J'y songe... C'est Joseph qui a dû l'introduire ce matin... (*Haut.*) Joseph!...

JOSEPH.

Capitaine...

MONTANBRÈCHE.

Approche... Tu reconnais monsieur, n'est-ce pas?

JOSEPH.

Non, capitaine.

MONTANBRÈCHE.

Voyons, Joseph... songe que tu es devant un conseil de guerre, et que le président t'ordonne de dire la vérité!...

JOSEPH, *se posant.*

Ah!...

MONTANBRÈCHE.

Eh bien! tu le reconnais, n'est-ce pas?...

JOSEPH.

Non!

MONTANBRÈCHE.

Monsieur est venu ce matin ici!...

JOSEPH.

Ce matin?...

MONTANBRÈCHE.

Oui!...

JOSEPH.

Mais je n'en sais rien... capitaine... Je n'ai vu personne... moi... j'étais à l'écurie.

MONTANBRÈCHE, *à part.*

Au fait, on a dû se cacher de lui... Mais Clara... (*Haut.*

* Joseph, Montanbrèche, Madinier.

Va tout préparer dans le pavillon, et, d'abord, envoie-moi la femme de chambre... Et surtout pas un mot.

JOSEPH, *sortant.*

Oui, capitaine...

MADINIER, *à part.*

La bonne... Sapristi ! mais elle m'a vu celle-là...

MONTANBRÈCHE.

Qu'avez-vous donc ?

MADINIER.

Rien, capitaine... Seulement, avouez que ces informations... ces interrogatoires...

MONTANBRÈCHE.

Est-ce que vous considéreriez ceci comme une insulte ?...

MADINIER, *vivement.*

Mais non...

MONTANBRÈCHE.

Eh bien ! alors !... Si vous êtes innocent, qu'est-ce que cela peut vous faire ?... D'ailleurs, si je me suis trompé, je vous ferai des excuses... lundi matin... Voici le témoin !...

## SCÈNE V

### Les Mêmes, CLARA. *

CLARA, *entrant.*

Joseph m'a dit que monsieur me demandait ?...

MONTANBRÈCHE.

Oui... approchez... (*A Madinier qui s'approche.*) Pas vous... Asseyez-vous !

CLARA, *à part.*

Le jeune homme de ce matin... méfions-nous...

MADINIER, *s'asseyant, à part.*

Elle va parler...

MONTANBRÈCHE, *à part.*

Une idée... Je vais lui tendre un piége... (*Haut.*) C'est vous qui rangez dans le boudoir de madame ?...

* Clara, Montanbrèche, Madinier.

CLARA.

Oui, monsieur...

MADINIER, *à part.*

Que lui dit-il?...

MONTANBRÈCHE.

Alors, vous devez avoir trouvé le porte-monnaie de monsieur?...

CLARA.

Le porte-monnaie?...

MONTANBRÈCHE.

Oui; monsieur, qui est venu ce matin voir madame, prétend avoir égaré son porte-monnaie dans le boudoir...

CLARA.

Monsieur prétend... *(Madinier tousse. Clara se ravise.
A part.)* C'est une frime!... *(Haut.)* Mais je n'ai rien
trouvé...

MONTANBRÈCHE.

Pourtant!...

CLARA.

Mais je ne connais pas monsieur... je ne l'ai jamais vu...
ni ce matin... ni...

MONTANBRÈCHE, *à Madinier qui s'est levé et va parler.*
Asseyez-vous donc!

MADINIER, *se rasseyant, à part.*
Voilà une bonne fille...

MONTANBRÈCHE.

Songez que c'est une question de probité... et que vous
seule pouvez avoir trouvé...

CLARA, *à part.*

Je le vois ton fil blanc... *(Faisant semblant de pleurer.)*
Mais je n'ai rien vu... moi... et je n'aurais jamais cru que
monsieur pût me soupçonner...

MONTANBRÈCHE.

C'est bon!...

CLARA.

Si monsieur n'a plus de confiance en moi... je m'en
irai...

MONTANBRÈCHE.

Mais non!...

CLARA.

Oh! si, monsieur... Je vais faire ma malle...

MONTANBRÈCHE.

Mais non... Monsieur se sera trompé... voilà tout...

CLARA, *pleurnichant.*

Me soupçonner... moi... ah! ah!...

MONTANBRÈCHE.

Ah! morbleu!...

CLARA.

AIR :

Fouillez-moi des pieds à la tête ;
Je veux...

MONTANBRÈCHE.

Allez-vous promener !

CLARA.

Quoique pauvre, je suis honnête ;
On ne doit pas me soupçonner.

MONTANBRÈCHE.

Je suis à bout de patience !

CLARA.

Moi m'avilir pour un peu d'or !

MONTANBRÈCHE.

Non, je crois à votre innocence !

MADINIER, *qui s'est levé, à part.*

Il pourrait se tromper encor !

MONTANBRÈCHE.

En voilà assez...

CLARA.

Je vais dire à madame...

MONTANBRÈCHE.

Non pas... Je vous le défends.

CLARA.

Mais, monsieur...

MONTANBRÈCHE. *

J'ai promis ce matin à Tartinois que vous aideriez Julie dans son service pour le grand dîner qu'il donne ce soir... Rendez-vous chez Tartinois...

CLARA.

Pourtant, monsieur, ce porte-monnaie... Si monsieur l'a perdu...

MONTANBRÈCHE.

Ne vous occupez plus de cela...

CLARA.

C'est que je ne voudrais pas...

MONTANBRÈCHE.

Allez... allez...

CLARA, *sortant par la grille, à part.*

C'est égal, je n'ai rien dit...

MADINIER, *à part.***

Une très-bonne fille... je la prendrai à mon service... Ah! non, par exemple!

MONTANBRÈCHE.

Il a acheté son silence, c'est clair...

MADINIER.

Eh bien! capitaine, voilà des preuves; êtes-vous convaincu?...

AMÉLIE, *en dehors.*

Clara! Clara!

MONTANBRÈCHE.

Ma femme... oh! quelle idée! (*A Madinier.*) Eh bien! oui, monsieur, je vais être convaincu... J'entre dans ce bosquet, et vous, pas un mot, pas un geste à ma femme... J'ai l'œil sur vous...

MADINIER.

Mais c'est la scène de Britannicus que vous allez jouer là.

MONTANBRÈCHE.

Oui... caché près de ces lieux, je vous verrai... monsieur! Si vous êtes innocent, que vous importe?...

* Montanbrèche, Clara, Madinier.
** Madinier, Montanbrèche.

MADINIER.

Mais votre femme me connaît, vous le savez bien, puisque tout à l'heure...

MONTANBRÈCHE.

Je sais qu'elle vous connaît; mais je veux être témoin...

AMÉLIE, *en dehors.*

Clara !

MONTANBRÈCHE.

La voici! (*Se cachant.*) Vous m'avez entendu?...

MADINIER *va s'asseoir tout tremblant.*

Je suis perdu! (*Comme frappé d'une idée.*) Ah! (*Tournant le dos à Montanbrèche, qui est dans le bosquet, et écrivant avec sa canne sur le sable.*) « Votre mari est là... »

## SCÈNE VI

MADINIER, AMÉLIE.

AMÉLIE, *entrant par la gauche.* *

Mais où donc est-elle allée? (*Apercevant Madinier.*) Vous ici, monsieur?...

MADINIER, *se levant et reculant vers le bosquet.*

Oui, madame, c'est monsieur votre mari...

AMÉLIE.

Mon mari... où donc est-il?

MADINIER, *d'un air indifférent et désignant des yeux et de la tête l'endroit où il a écrit.*

Il me quitte à l'instant... Je crois qu'il vous cherche...

AMÉLIE, *ne comprenant pas.*

Et les cent mille francs?...

MADINIER, *à part.*

Oh! la malheureuse!... (*Haut et désignant le sol des yeux et de la tête à Amélie, qui, ne comprenant pas, regarde à droite et à gauche.*) Vous demandez des nouvelles des cent mille francs? Nous allions prendre le train avec monsieur Montanbrèche... lorsque je me suis rappelé

_______________

* Amélie, Madinier.

que mon agent part pour sa maison de campagne le samedi
après la Bourse...

AMÉLIE.

Ah! vraiment!...

MADINIER, *se servant de sa canne pour attirer l'atten-*
*tion d'Amélie.*

Et qu'il ne revient à Paris que lundi... Alors...

AMÉLIE, *qui a compris, regarde à terre et lit.*

Oh!...

MADINIER. *à part.*

Elle a lu!... *(Haut, descendant à droite.)* Alors monsieur votre mari a bien voulu m'inviter à passer deux jours
chez lui!...

AMÉLIE.

Il a bien fait!... Vous serez plus près de Suzanne...

MADINIER.

De Suzanne! c'est ce qu'il a pensé...

AMÉLIE.

Mais il aurait dû me prévenir... Il faut que je donne des
ordres...

MADINIER.

Oh! madame, je vous en prie, pas la moindre cérémonie...
Je ne voulais pas accepter les offres du capitaine... mais il y
a mis une insistance. *(Ici Montanbrèche quitte le bosquet*
*et revient en scène au milieu.)*

AMÉLIE. *

Que j'approuve de grand cœur!... Monsieur Tartinois est
le meilleur ami de mon mari, et son futur neveu doit trouver
ici un accueil...

MADINIER, *apercevant Montanbrèche et se mettant à*
*effacer ce qu'il a écrit en dansant sur la place. A part.*

Lui!... s'il s'apercevait!... Effaçons!

MONTANBRÈCHE, *avançant et le faisant reculer*
Qu'avez-vous donc?... Vous dansez!

MADINIER.

Moi... rien... des inquiétudes...

* Amélie, Montanbrèche, Madinier.

4.

AMÉLIE, *effaçant également.* *
Oh!...

MONTANBRÈCHE.
Vous aussi, madame, vous dansez!...

AMÉLIE.
C'est ma bottine... ma bottine qui me gêne...

MONTANBRÈCHE.
Ah! morbleu!

JOSEPH, *entrant à gauche.*
Capitaine, tout est prêt dans le petit pavillon...

MONTANBRÈCHE, *à part.*
Très-bien!... *Se contraignant.* Allons! mon cher hôte, venez prendre possession de votre domicile... *Il remonte.*

MADINIER, *remontant.*
Mais ce dîner de nos fiançailles...

MONTANBRÈCHE.
C'est juste...

MADINIER *salue et va sortir.*
Madame!...

MONTANBRÈCHE, *lui prenant le bras.*
Nous irons ce soir ensemble; nous en reviendrons ensemble, et, comme Suzanne et Tartinois viennent passer le dimanche avec nous... demain toute la journée vous serez en famille...

MADINIER, *à part.*
Comment lui échapper?

MONTANBRÈCHE, *disparaissant avec Madinier à gauche; Joseph les suit.*
Lundi matin, nous allons chez l'agent de change ensemble; et lundi soir... (*La voix se perd.*)

## SCÈNE VII

AMÉLIE, *seule.*

Je n'ai pu interroger monsieur Madinier... mais, impossible d'en douter, ce papier que mon mari a ramassé ce

_______________
* Montanbrèche, Amélie, Madinier.

matin, devant moi, était bien le titre de cent mille francs appartenant au futur de Suzanne... Quel sera le dénoûment de tout ceci?... un scandale, sans doute... Monsieur Madinier parlera, et ces lettres qu'il m'a remises, il faudra, pour me justifier... Je voulais les anéantir... mais, à présent, je n'ose... et pourtant les montrer à mon mari...

Air d'Émile Bernard.

Lui montrer ces lettres cruelles,
Ce serait affreux! Mais, ici,
Me voir compromise par elles,
Ce serait bien affreux aussi.
Mêmes devoirs étaient les nôtres,
Et j'y restai fidèle, moi!
Doit-on répondre pour les autres?
C'est bien assez de répondre pour soi!

Que faire?... (*Allant s'asseoir à droite, près de la table, et prenant une tapisserie.*) Attendre! car ce ne sera qu'à la dernière extrémité que...


# SCÈNE VIII

AMÉLIE, *assise*. MONTANBRÈCHE. *

MONTANBRÈCHE, *à lui-même.*

Ah! toujours là...

AMÉLIE, *à part.*

Mon mari...

MONTANBRÈCHE, *à part.*

J'ai une idée... Je vais faire semblant de m'éloigner... et je reste à dix pas... Il est impossible qu'ils ne cherchent pas à se rapprocher : au premier mouvement, Joseph, que j'ai placé en sentinelle, m'avertit... et... (*S'approchant.*) Vous travaillez, madame?...

AMÉLIE.

Oui, monsieur...

MONTANBRÈCHE, *passant devant la table.*

Très-bien... Je retourne chez Tartinois.

* Amélie, Montanbrèche.

AMÉLIE.

Comment, monsieur, vous nous amenez un hôte, et vous sortez?...

MONTANBRÈCHE.

Justement, à cause de lui... Après ce qui s'est passé, j'ignore si Tartinois donnera son repas de fiançailles. Dans le cas contraire, vous auriez des ordres à donner... Notre hôte ne doit pas mourir de faim. (*A part.*) Autrement, je ne dis pas...

AMÉLIE.

Il suffit, monsieur...

MONTANBRÈCHE, *remontant.*

Je reviendrai dans une heure... (*Après une pause.*) Une heure et demie... (*Du bras, il a appelé Joseph; il lui fait signe de fermer la grille à clef. — En dehors :*) Peut-être deux heures. (*Il s'éloigne à droite et Joseph à gauche.*)

## SCÈNE IX

AMÉLIE, *seule, se levant.*

Comment... il part!... mais oui! et pas un mot... pas la moindre allusion à l'incident de ce matin... Je comprendrais une scène d'emportement... des questions... des reproches... que sais-je? S'il a des soupçons, ce serait naturel... Mais non... il ne me dit rien... Il amène ici ce pauvre jeune homme, et s'en va... Mais c'est à n'y rien comprendre... à moins de supposer qu'il ne me tende un piége... (*Riant.*) Dans ce cas, il en sera pour ses frais d'imagination... A présent je suis sur mes gardes... et je le défie bien de me prendre en faute. (*Elle se remet au travail, à gauche.*)

## SCÈNE X

AMÉLIE, FOUGERON, *puis* MONTANBRÈCHE.

FOUGERON, *paraissant sur le mur, se met à califourchon et regarde en dehors.*

Tenue militaire... grandes moustaches... c'est bien lui,

c'est Montanbrèche... Il se promène en zigzag... comme
s'il guettait... Il ne me voit pas...

AMÉLIE, *se levant.*

Et Clara, que j'oublie...

FOUGERON.

Ah ! il m'a vu...

AMÉLIE.

Il faut que je sache... (*Elle remonte.*)

FOUGERON, *apercevant Amélie.*

Une femme... c'est elle !... (*Il descend.*)

AMÉLIE, *l'apercevant et reculant.*

Ah !

FOUGERON.

Silence, madame !... (*Il vient vivement près d'elle, à
l'avant-scène.*)

AMÉLIE.

Qui êtes-vous, monsieur ?... Que voulez-vous ?...

FOUGERON.

Qui je suis ? un fou, un insensé... Ce que je veux ?...
vous dire que je vous aime... que je vous adore...

AMÉLIE.

Moi !...

FOUGERON, *changeant de ton et saluant.*

C'est bien à madame Montanbrèche que je parle ?...

AMÉLIE.

Oui, monsieur, et de semblables paroles...

FOUGERON, *reprenant.*

Vous prouvent assez l'excès de mon amour.

AMÉLIE.

Mais je ne vous connais pas, monsieur...

FONGERON.

Je vous connais, moi, madame ; je vous ai vue, et vous
voir, vous adorer...

AMÉLIE.

Monsieur !... (*Ici Montanbrèche paraît sur le mur.*)

FOUGERON, *l'appercevant.*

Le voilà. (*Avec feu.*) Eh ! que m'importent les dangers !
que me font les obstacles ! Pour toi, ange adoré ! je donne-

rais tout... fortune, existence : pour toi... (*tombant à ge-noux* je... *Ici Montanbrèche tombe lourdement du mur.*)

AMÉLIE.

Ah! mon mari!...

JOSEPH, *accourant.*

Vous n'êtes pas blessé, capitaine?

MONTANBRÈCHE. *

Va-t'en au diable, toi!

JOSEPH.

Fallait me demander la clef, capitaine. (*Il remonte.*

MONTANBRÈCHE.

Laissez-nous, madame...

AMÉLIE

Mais, mon ami...

MONTANBRÈCHE.

Laissez-nous...

AMÉLIE.

Je tiens à vous expliquer d'abord...

MONTANBRÈCHE.

Plus tard... rentrez, je le veux...

AMÉLIE.

Je rentre donc, mais j'espère que monsieur vous dira...

MONTANBRÈCHE, *la reconduisant.*

Oui... oui... monsieur me dira tout... allez...

AMÉLIE.

C'est une fatalité! c'est à devenir folle! (*Elle rentre dans la maison.*)

# SCÈNE XI

MONTANBRÈCHE, FOUGERON. (*Pendant ce qui a précédé, Fougeron s'est relevé lentement, il a essuyé tranquillement son genou avec un mouchoir, puis il reste debout et impassible.*

MONTANBRÈCHE.

A nous deux, maintenant!

* Amélie, Joseph, Montanbrèche, Fougeron.

FOUGERON.

Je suis à vos ordres !...

MONTANBRÈCHE.

Je l'espère bien, monsieur de Fougeron.

FOUGERON.

Ah ! vous savez...

MONTANBRÈCHE.

J'étais le témoin du capitaine Mauroy...

FOUGERON.

Ah !

MONTANBRÈCHE.

Mais cette fois vous n'avez pas le choix des armes..
C'est moi qui les apporterai...

FOUGERON.

C'est trop juste, capitaine.

MONTANBRÈCHE.

Ah ! c'était vous ! j'aurais dû m'en douter... Quel autre
que vous pouvait perdre cent mille francs sans les réclamer?
Votre titre, monsieur, est déposé chez maître Dutillet, mon
notaire. *Lui présentant une carte.* Sur le vu de ma carte,
il sera à votre disposition, et j'espère que demain vous vou-
drez bien être à la mienne.

FOUGERON, *qui a hésité, prend la carte.*

J'attendrai vos témoins chez moi, demain, dans la ma-
tinée...

MONTANBRÈCHE.

Incapable de vous faire attendre... *Il remonte.* Joseph,
ouvre la grille.

FOUGERON, *à part.*

Ah! l'argent est chez le notaire; eh bien ! nous l'y lais-
serons.

MONTANBRÈCHE.

A demain, huit heures précises !

FOUGERON.

Huit heures, soit... (*Saluant.* Capitaine...

MONTANBRÈCHE.

Monsieur le comte... *Fougeron sort.*

MONTANBRÈCHE, *seul.*

C'était donc lui!... et je n'ai pas eu cette idée-là... Et depuis quelque temps la perfide me parlait sans cesse de lui... de ses prouesses...

MADINIER, *au dehors.*

Voulez-vous me laisser tranquille !

JOSEPH, *criant.*

Capitaine... capitaine!...

MONTANBRÈCHE, *regardant à la cantonade, au fond, à gauche.* Eh bien! eh bien! Joseph, par ici. (*Madinier et Joseph entrent en se colletant.*

# SCÈNE XII

## MONTANBRÈCHE, MADINIER, JOSEPH. [*]

### ENSEMBLE.

Air de *Barbe-Bleue.*

**MONTANBRÈCHE.**

Lâche-le donc!... Holà! holà !
En fureur déjà le voilà!
Je te défends ces façons-là!
Quoi! le traiter comme cela!
    Taisez-vous donc ! (*Ter.*)

**MADINIER.**

Lâchez-moi donc!... Holà! holà!
En morceaux déjà me voilà !
Pourquoi, gredin, ces façons-là?
Être traité comme cela!...
    Taisez-vous donc! (*Ter.*)

**JOSEPH.**

Vous lâcher?... Non, criez holà !
Oui, ma consigne, la voilà!
Souffrez un peu ces façons-là.
Je dois agir comme cela.
    Taisez-vous donc! [**] (*Ter.*)

[*] Joseph, Madinier, Montanbrèche.
[**] Joseph, Montanbrèche, Madinier.

MADINIER, *ébouriffé.*

Mais, capitaine, contenez donc votre planton...Il est enragé...

MONTANBRÈCHE.

Qu'y a-t-il ?

JOSEPH.

Pendant que je montais ma garde à la porte du pavillon, monsieur est sorti par le soupirail de la cave, mais je l'ai pincé...

MADINIER, *réparant le désordre de sa toilette.*
Pincé... étranglé !...

MONTANBRÈCHE.

Laisse-nous, Joseph.

MADINIER.

Mais, capitaine...

MONTANBRÈCHE.

Je lève la consigne, va-t'en. (*Joseph sort.*)

MADINIER, *à part.*

Hein! que signifie?... Est-ce qu'il aurait acquis la preuve?... J'ai eu tort de quitter le pavillon... (*Il veut remonter.*)

MONTANBRÈCHE, *l'arrêtant.*
Monsieur...

MADINIER.

Capitaine...

MONTANBRÈCHE.

J'ai des excuses à vous faire.

MADINIER.

Des excuses... pour lui?... il est tout excusé...

MONTANBRÈCHE.

Mais non, j'ai des excuses personnelles à vous faire... et je n'hésite pas à vous les offrir... Je m'étais trompé.

MADINIER.

Ah !

MONTANBRÈCHE.

Je viens de l'apprendre... par hasard... Une visite...

MADINIER.

Enfin, vous êtes parfaitement sûr de mon innocence?...

MONTANBRÈCHE.

Parfaitement... et la preuve, c'est que le titre est en ce moment entre les mains de la personne qui sort d'ici.

MADINIER, *avec stupeur.*

Le titre!... Quel titre?...

MONTANBRÈCHE.

Le titre de cent mille francs que j'ai trouvé ce matin dans le boudoir de ma femme.

MADINIER, *s'oubliant et criant.*

Vous l'avez remis?...

MONTANBRÈCHE.

A celui qui l'avait réellement perdu!... Quoi de plus na- naturel!

MADINIER, *se contenant.*

Sans doute. (*A part.*) Pristi! (*Haut.*) Et à qui donc?

MONTANBRÈCHE.

C'est un jeune... non, un de mes vieux amis, qui était venu ce matin en mon absence... Il m'a donné toutes les explications nécessaires.

MADINIER, *à part.*

Il a profité de mon silence, le gredin!

MONTANBRÈCHE.

Mes soupçons étaient absurdes... je le reconnais... Par- donnez-moi donc, et au revoir, mon cher monsieur. (*Il lui prend les mains.*)

### ENSEMBLE.

Air des *Géorgiennes.*

MADINIER, *à part.*

Ah! bon, me voilà ruiné!
A quel autre a-t-il donné
Ce titre (*ter*) qui me désespère?
Le chercher encore, à quoi bon?
Je ne sais même pas le nom,
Même le nom (*bis*)
De son nouveau propriétaire!

**MONTANBRÈCHE.**

Maintenant, le mari berné
Devient un tigre déchaîné !
Vengeance ! (*Ter.*) Nous rirons, j'espère.
Un capitaine de dragons
Saura leur prouver, j'en réponds,
  Oui, leur prouver (*bis*)
Qu'il s'entend à faire la guerre.

**MADINIER.**

Et vous dites que le jeune homme à qui vous avez
remis...

**MONTANBRÈCHE.**

Je ne vous ai pas dit un jeune homme, mais un vieux...
un vieil ami à moi... un vieux brave homme...

**MADINIER, *à part*.**

Un vieux filou !

**REPRISE DE L'ENSEMBLE.**

(*Madinier se dirige vers la grille, reconduit par Montanbrèche.*)

# ACTE QUATRIÈME

Salon à pans coupés. — Porte dans le pan coupé de gauche donnant dans l'antichambre et menant au dehors. Porte dans le pan de droite conduisant au jardin. Au fond, une grande porte ouvrant sur une salle à manger où est dressée une grande table; le couvert est à moitié mis. Fauteuils, table, etc.

—

## SCÈNE PREMIÈRE

TARTINOIS, SUZANNE, CLARA, BAPTISTE, JULIE, *puis* UN MAITRE D'HOTEL. (*La porte du fond est ouverte. Clara, Baptiste et Julie mettent le couvert; Suzanne écrit à une table à droite; Tartinois est assis à gauche.*)

SUZANNE, *écrit sur des cartes qu'elle montre au public.*
« Monsieur Dutillet. »

TARTINOIS, *à lui-même.*
Un diner de fiançailles... sans fiancé!... voilà la situation...

SUZANNE, *écrivant.*
« Madame Richepont. »

TARTINOIS, *à lui-même.*
S'il n'a pas apporté les cent mille francs... c'est qu'il ne les a pas... Un oubli de ce genre, le jour du contrat, c'est peu vraisemblable... S'il ne les a pas... plus de futur!...

SUZANNE.
« M. Maupard... Madame Benoît. »

TARTINOIS, *à lui-même.*
Plus de futur, plus de mariage... Et les invitations lancées... ce diner commandé...

SUZANNE.
Mon oncle?

TARTINOIS.

Que veux-tu?

SUZANNE.

Il n'y a plus qu'une carte à remplir... faut-il inscrire
monsieur Madinier?...

TARTINOIS, *se levant.*

Non... c'est-à-dire... mais non, puisqu'il est allé à
Paris...

SUZANNE.

Alors, quel nom mettrai-je?

TARTINOIS.

Laisse la carte en blanc...

SUZANNE.

Un repas de noce sans futur... ce sera drôle...

TARTINOIS.

Non, ce sera triste... ça fera chuchoter... Demain, tout
Boulogne saura... et les loustics de ma compagnie feront
des gorges chaudes... A propos de ma compagnie, tu as
inscrit Desmarets?

SUZANNE.

Oui, mon oncle.

TARTINOIS.

Place-le à côté de madame Champy, ils se connaissent...

JULIE, *venant du fond.*

Monsieur?... Est-ce qu'il faut mettre quatre verres pour
chaque couvert?...

TARTINOIS.

Demande à Clara.

SUZANNE.

Je vais toujours placer les noms sur les serviettes. (*Elle
remonte, et, pendant ce qui suit, on la voit placer les
cartes.*)

BAPTISTE.

Monsieur, faut-il placer le dessert sur la table?

TARTINOIS.

Demande à Clara... (*Apercevant Clara.*) Ah! Clara!...

CLARA, *descendant.*

Monsieur Tartinois !...

TARTINOIS.*

Approchez, mon enfant... Votre maîtresse nous a souvent parlé de vos talents ; vous avez servi dans de bonnes maisons, et c'est ce qui m'a fait vous demander aujourd'hui à Montanbrèche ; je vous prie de vouloir bien guider tous ces ignorants-là...

CLARA.

Monsieur exagère...

TARTINOIS.

Du tout ; leur ignorance se comprend, d'ailleurs ; nous recevons si rarement...

CLARA.

Croyez, monsieur... que je ferai de mon mieux.

TARTINOIS.

C'est cela, parce que les invités, ça mange d'abord, mais ça critique ensuite.

CLARA.

Oh ! oui, monsieur, il faut bien vous attendre à... il y en a qui ne sont jamais contents !... et qui critiquent !... (*Elle remonte.*)

TARTINOIS, *à lui-même.*

Et la critique aura beau jeu demain... Comment justifier l'absence...? Dire qu'il est malade... je ne vois que cela... mais quelle maladie lui donner?... (*Apercevant un monsieur tout en noir et en cravate blanche, qui vient d'entrer de la gauche et qui parle au domestique.*) Tiens, un invité déjà ! Je ne le connais pas... Est-ce que Madinier nous enverrait des convives?...

LE MONSIEUR, *à qui l'on vient d'indiquer Tartinois.***

Monsieur Tartinois... (*Tartinois salue.*) Le fourgon est devant la porte...

TARTINOIS.

Le fourgon?...

LE MONSIEUR.

Oui, votre dîner.

* Tartinois, Clara.
** Le Monsieur, Tartinois.

TARTINOIS.

Ah! vous êtes Potel et Chabot?...

LE MONSIEUR.

Le maître d'hôtel mis à votre disposition...

TARTINOIS.

C'est bien... entendez-vous avec Clara: elle vous guidera...

LE MAITRE D'HOTEL.

Oh! monsieur... nous avons l'habitude. (*Il remonte parler à Clara, et sort avec elle.*)

TARTINOIS, *à lui-même.*

S'il voulait remporter son dîner... Diable! non... qu'au moins, si l'on ne trouve pas de futur, on trouve à manger.

BAPTISTE, *annonçant à gauche.*

Monsieur et madame Richepont!...

TARTINOIS.

En voilà deux qui avancent toujours! — Fermez, fermez bien vite cette porte. (*La porte du fond est fermée par Julie et par Baptiste.*)

TARTINOIS.

Quelle diable de maladie subite peut empêcher un gendre?... (*Voyant entrer les deux invités et allant au-devant d'eux.*) Ah!... comme c'est aimable à vous !...*

MADAME RICHEPONT.

Est-ce que nous sommes les premiers? ..

TARTINOIS.

Laissez-moi m'en réjouir.

RICHEPONT.

C'est ma femme qui, empressée de connaître le futur de mademoiselle Suzanne, me hâtai', me hâtait...

TARTINOIS.

Ah!... c'était... Mon Dieu!... il est absent...

MONSIEUE ET MADAME RICHEPONT.

Absent!...

TARTINOIS.

Oh! j'espère qu'il va venir...

* M. et M^{me} Richepont, Tartinois.

RICHEPONT.

Vous espérez?...

TARTINOIS.

Quand il nous a quittés tantôt, il était tout pâle... il avait la fièvre, et...

CLARA, *qui vient d'entrer par la droite.*

Monsieur, on vous demande au jardin ; on apporte le feu d'artifice...

MONSIEUR ET MADAME RICHEPONT.

Un feu d'artifice !

TARTINOIS, *très-gai.*

Ah ! voilà comme nous sommes, nous autres... (*Prenant le bras de madame Richepont.*) Allons voir préparer les fusées volantes...

MADAME RICHEPONT

Mais si monsieur votre gendre...

TARTINOIS, *très-triste.*

Ah ! dame si... et encore... Il viendra. (*Ils sortent à droite.*)

CLARA *seule.*

Un feu d'artifice de cinquante à soixante francs... Oh! ces bourgeois ! Quelle différence avec nos petites fêtes d'Enghien, quand j'étais au service de mademoiselle Césarine du grand Opéra !

AIR de *la Flûte enchantée.*

Ces feux brillaient de cent couleurs :
C'étaient des diamants, des fleurs ;
Et dans le ciel, changeant encor,
Ils retombaient en gerbes d'or.
    Toujours avec délice,
Je me rappelle tout cela.
    Quels beaux feux d'artifice
On pouvait voir dans ces temps-là !

Elle avait beaucoup d'amoureux,
Et savait, pour les rendre heureux,
Rien qu'en multipliant ses feux,
Leur jeter de la poudre aux yeux.

Alors, j'étais novice,
Mais je la comprenais déjà...
Quels beaux feux d'artifice
On pouvait voir dans ce temps-là !

(*Elle s'arrête en voyant Suzanne revenir par la porte du fond.*) *

SUZANNE.

Mon oncle n'est plus là ?

CLARA.

Non, mademoiselle, il est au jardin.

SUZANNE.

Merci ! (*Clara sort par le fond.*)

SUZANNE, *seule.*

Tous les noms placés et celui de mon futur en blanc...
Ah ! ce matin que j'aurais eu de joie !... mais quelle indi-
gnité !... Croyez donc à quelque chose ; lui si doux, si tendre,
qui paraissait si sincère !... Certainement on a pu exagérer...
mais non, puisqu'il ne se défend même pas. Oh ! je le dé-
teste ce monsieur, et s'il reparaissait devant moi...


# SCÈNE II

SUZANNE, FOUGERON.

FOUGERON, *qui vient d'entrer de la gauche.* **
Seule ! Vous êtes seule, mademoiselle.

SUZANNE.

Lui !

FOUGERON.

Ah ! le hasard fait bien les choses...

SUZANNE, *baissant les yeux.*

Comment, monsieur ?

FOUGERON

Qu'avez-vous donc ?

* Suzanne, Clara.
** Fougeron, Suzanne.

SUZANNE.

La surprise... J'étais si loin de penser à vous...

FOUGERON.

Ah ! ce n'est pas gentil...

SUZANNE.

Mais mon oncle m'attend, et je vais... (*Fausse sortie.*)

FOUGERON, *la retenant*.

Monsieur votre oncle peut attendre... il est de la maison ; tandis que moi...

SUZANNE.

Non... monsieur... je ne dois pas... je ne veux pas vous écouter...

FOUGERON.

Voilà un regard que je ne vous connaissais pas... Que s'est-il donc passé ?

SUZANNE.

Demandez-le à mon oncle...

FOUGERON.

Votre oncle, je l'ai quitté il y a une heure... L'horizon était alors rayonnant de clarté, et je le trouve à mon retour chargé de nuages... Pourtant, si vous saviez... Enfin... apprenez qu'il n'y a plus d'obstacles... et que notre mariage...

SUZANNE.

Si, monsieur, il y en a encore un.

FOUGERON.

Il est donc poussé depuis tantôt... N'importe, je suis de la famille de Gusman... (*Changeant de ton.*) Lequel, s'il vous plaît ?

SUZANNE.

Mon consentement...

FOUGERON.

Votre consentement... C'est vous qui me refusez ?

SUZANNE.

Soyez votre juge, monsieur, et dites-moi si vous pouvez sérieusement me conseiller de vous épouser.

FOUGERON.

La main sur la conscience... en véritable ami, je vous le conseille...

SUZANNE.

Malgré vos folies !... vos intrigues !

FOUGERON.

Ah ! l'on vous a dit ?

SUZANNE

Tout... monsieur... tout !

FOUGERON, *à part.*

Oh ! pas tout, je suppose...

SUZANNE

Je connais votre manière d'improviser des jardins en janvier...

FOUGERON

Mais c'est le passé cela, mademoiselle...

SUZANNE.

Et votre conseil judiciaire?

FOUGERON.

Toujours le passé !... Et si ce passé est un peu irrégulier, vous ne devez en accuser que vous...

SUZANNE.

Que moi?

FOUGERON.

Sans doute... Si j'ai commis tant de folies, si j'ai toujours refusé de me marier, c'est que je ne vous connaissais pas...

SUZANNE.

Vraiment !...

FOUGERON

Vous auriez dû vous présenter plus tôt, mademoiselle...

SUZANNE.

Mais, monsieur...

FOUGERON.

Vous êtes responsable de mes fautes... Il ne fallait pas vous faire attendre...

SUZANNE.

Et maintenant que vous me connaissez ?...

FOUGERON.

Maintenant, je me marie; c'est tout ce que veut ma famille, qui m'ouvre ses bras; et je n'ai plus désormais d'autre conseil judiciaire que votre volonté...

SUZANNE.

Il serait vrai...

FOUGERON.

Le siècle vous devra un miracle... La conversion du comte de Fougeron par mademoiselle Suzanne... Une légende pour l'avenir... et vous hésitez?...

SUZANNE.

Non... c'est-à-dire... Qui me répondra de votre sincérité?...

FOUGERON.

Mon amour !

SUZANNE.

Dois-je vous croire?

FOUGERON.

Aveuglément!... Dès aujourd'hui, Suzanne, j'abdique mon passé... je deviens un autre homme... vous verrez... Ce sera de la magie... obéissant à la baguette d'une fée, et la fée, la fée charmante!... (*Tombant à ses pieds.*) C'est vous, Suzanne!

## SCÈNE III

Les Mêmes, TARTINOIS, MONSIEUR *et* MADAME RICHEPONT, MADAME CHAMPY, DESMARETS. (*Au moment où Fougeron tombe à genoux, Tartinois et quelques invités entrent par la droite.*)

TARTINOIS.

Hein! que signifie?...

SUZANNE.

Mon oncle!... (*Elle veut se dégager.*)

TARTINOIS, *bas à Suzanne.*

Restez, restez donc!...

MADAME CHAMPY.

Tableau charmant!

TARTINOIS, *bas à Fougeron, qui vient de se lever tranquillement.**

Monsieur, me direz-vous...

DESMARETS.

Mais pourquoi avoir dérangé monsieur?... La place d'un fiancé n'est-elle pas aux genoux...?

TARTINOIS.

D'un fiancé!...

FOUGERON.

Certainement. Monsieur est dans le vrai...**

TARTINOIS, *allant aux invités.*

Mes amis, pardonnez... (*Ici on entend au dehors une musique militaire.*)

TARTINOIS.

Qu'est-ce que c'est que ça?

FOUGERON.

Une sérénade !

DESMARETS.

C'est la musique de notre bataillon, qui vient fêter les nouveaux époux.

FOUGERON, *prenant Suzanne par la main.****

Montrons-nous, Suzanne, montrons-nous.

TARTINOIS, *à part.*

Comment! elle se laisse... (*Cris au dehors quand Fougeron et Suzanne paraissent à la fenêtre :* Vivent les nouveaux mariés!)

TARTINOIS, *à part.*

Et c'est lui qu'ils acclament!

* Fougeron, Tartinois, Desmarets, Suzanne.
** Tartinois, Fougeron, Desmarets, Suzanne.
*** Fougeron, Suzanne, Tartinois, les Invités à droite et au fond.

FOUGERON.

Merci, messieurs, merci; attendez, attendez. (*Il cherche dans ses poches.*)

## SCÈNE IV

LES MÊMES, CLARA.

CLARA, *portant un énorme bouquet à la main.* [*]
De la part des musiciens, monsieur Tartinois.

TARTINOIS, *fouillant dans sa poche.*
Ah! oui, de l'argent.

FOUGERON, *riant.*
Vous connaissez le langage des fleurs... (*Il sort son porte-monnaie.*)

TARTINOIS *tirant 20 francs de son porte-monnaie, et les donnant à Clara.*
Tenez, portez.

FOUGERON, *prenant le porte-monnaie.*
Vingt francs, par exemple! *Jetant les deux porte-monnaie par la fenêtre.*) [**] Tenez, messieurs, pour boire à la mariée.

VOIX, *en dehors.*
Vive la mariée!...

TARTINOIS.
Mais il y avait deux cents francs dans mon porte-monnaie.

FOUGERON.
Que ça! Il y en avait trois cents dans le mien.

TARTINOIS, *furieux.*
Oh! (*Aux invités.*) Mes amis... la société est au jardin... On dresse le feu d'artifice... Suzanne va vous conduire...

SUZANNE, *qui a pris le bouquet.*
Volontiers; venez, mesdames, messieurs.

FOUGERON.
C'est cela... nous allons...

[*] Suzanne, Fougeron, Clara, Tartinois.
[**] Fougeron, Suzanne, Tartinois, les Invités.

TARTINOIS, *retenant Fougeron.*

Pas vous!... (*Aux Invités.*) Je vais vous rejoindre à
l'instant.

MADAME CHAMPY.

Il est très-bien ce monsieur Madinier.

DESMARETS.

Et très-généreux ! (***Ils sortent par la droite.***)


# SCÈNE V

## TARTINOIS, FOUGERON.


TARTINOIS.

Ah ça! monsieur, est-ce un parti pris?

FOUGERON.

Quoi? qu'est-ce que vous avez?

TARTINOIS.

Ce que j'ai!... Quand vous portez chez moi le trouble et
le scandale.

FOUGERON.

Moi?

TARTINOIS.

Que venez-vous faire ici?

FOUGERON.

Vous apporter les cent mille francs.

TARTINOIS.

Hein?

FOUGERON.

Et épouser votre nièce, comme c'est convenu. Voici le
reçu du notaire.

TARTINOIS, *lisant.*

« Il a été versé, cejourd'hui, entre mes mains, une somme
» de cent mille francs, à valoir sur la dot du comte de Fou-
» geron. Signé Dutillet. » (***Parlé.***) Comment, c'est vous
qui ?...

FOUGERON.

Est-ce que vous ne m'attendiez pas?

TARTINOIS.

Je vous attendais si peu... que mon embarras... Car enfin... je n'avais plus de futur neveu, et maintenant me voilà exposé à en avoir deux...

FOUGERON.

Comment, deux?

TARTINOIS.

Sans doute, si monsieur Madinier retrouve son titre de cent mille francs.

FOUGERON.

Le retrouve?...

TARTINOIS.

Eh! oui! Ah! c'est que vous ne savez pas... Monsieur Madinier avait perdu sa dot...

FOUGERON.

Lui!... (*A part.*) Est-ce que ce serait... Parfait! je sais à qui je devrai rembourser, une fois marié.

TARTINOIS.

Mais il peut la retrouver... et que lui dirai-je, s'il revient?...

FOUGERON.

Vous lui direz que j'épouse.

TARTINOIS.

Vous épousez... vous épousez... Mais Suzanne?

FOUGERON.

Je me suis justifié; elle me pardonne...

TARTINOIS, *à lui-même.*

Diable! diable! diable!

MADINIER, *en dehors.*

Mais non... inutile de m'annoncer.

TARTINOIS.

Lui!

FOUGERON

Laissez-nous seuls; je me charge de vous en débarrasser.

TARTINOIS.

Oh ! si vous faites cela !... Je me sauve. (*Il sort par la droite. Madinier, préoccupé, entre par la gauche.*)

FOUGERON, *seul.*

Me marier avec la dot de mon rival, ce serait drôle.

## SCÈNE VI

FOUGERON, MADINIER.

MADINIER, à lui-même.*

Mais à qui a-t-il pu remettre...? (*Se retournant.*) Fougeron !

FOUGERON.

Te voilà !

MADINIER.

Ah ! tu es satisfait! toi... tu es radieux !... Tu vas spéculer sur mon malheur...

FOUGERON.

Avec allégresse!... avec transport !...

MADINIER, s'asseyant.

Oh ! les amis !... les amis !... (*Se ravisant.*) Mais, après tout... garrotté... comme tu l'es... par ton conseil judiciaire, tu ne peux pas non plus avoir cent mille francs?...

FOUGERON.

Tu connais la devise des Fougeron : Cartes sur table. J'ai les cent mille francs.

MADINIER, se levant.

Alors, tu épouses?

FOUGERON.

J'épouse... dans le plus bref délai, et j'ai l'honneur de t'en faire part...

MADINIER, allant à lui.

Mais je m'y oppose... mais moi aussi, j'ai cent mille francs... et je dirai où et comment.

* Madinier, Fougeron.

FOUGERON, *revenant.*

Tu ne diras rien. Madinier... rien... rien...

MADINIER.

Ah! c'est trop fort... Pourquoi donc?

FOUGERON, *avec gravité et marchant sur lui.*

Parce que vos cent mille francs, scélérat, ont été perdus dans le boudoir de madame Montanbrèche...

MADINIER.

Hein?... tu sais?...

FOUGERON.

Tout... Don Juan! Lovelace!

MADINIER.

Plus bas, Fougeron... plus bas... Eh bien, oui!... j'ai perdu, chez Montanbrèche, un titre de rente qu'il a trouvé, et qu'il a remis à un autre...

FOUGERON.

Que tu ne connais pas?

MADINIER.

Non, pas encore... malheureusement... mais il y a des moyens de découvrir un voleur, et...

FOUGERON, *lui saisissant le bras.*

Madinier!...

MADINIER.

Qu'as-tu donc?...

FOUGERON.

Tu vas retirer ce mot malsonnant...

MADINIER.

Hein?...

FOUGERON.

Car cet autre... ce... prétendu... c'est moi...

MADINIER,

Toi!... (*Tout à coup, avec joie.*) Ah! je devine... on t'a raconté la scène du contrat... les soupçons de Montanbrèche et ma visite à sa femme...

FOUGERON.

Possible!

### MADINIER.

Alors... toi... si brave... si généreux... tu es allé réclamer, pour me les rendre... Ah! Fougeron, pardon de t'avoir méconnu!...

### FOUGERON.

Comprime ces élans ; tu es sur la pente d'une bêtise...

### MADINIER.

Que signifie?...

### FOUGERON.

Je suis ton ami... mais je suis ton rival... J'ai six cent mille francs... mais je n'en avais pas cent mille... Pourquoi m'a-t-on imposé un conseil? parce que je refusais de me marier. Que je me marie aujourd'hui, et mon interdiction cesse demain ; demain je te rembourse.

### MADINIER.

Mais je ne t'ai pas prêté!... Je veux mon titre, je réclame mon titre...

### FOUGERON.

Tu le réclames... c'est différent, je suis prêt à te le rendre...

### MADINIER.

A la bonne heure, je te reconnais...

### FOUGERON.

Seulement, je te préviens qu'il y a une facture à acquitter.

### MADINIER.

Une facture?

### FOUGERON.

Oui, pour les frais de recouvrement.

### MADINIER.

Et cette facture?...

### FOUGERON.

Est un duel!...

### MADINIER.

Ah!... un... du...el!...

FOUGERON.

Oui, mon ami, un duel qui ne me paraît pas rentrer dans
la catégorie des duels à déjeuner...

MADINIER.

Mais pourquoi ce duel?

FOUGERON.

Parce que le capitaine a des raisons de croire que le propriétaire des cent mille francs est l'amant de sa femme.

MADINIER.

Je sais bien...

FOUGERON.

Alors, comme je lui ai laissé croire que c'était moi, il doit
me tuer demain matin.

MADINIER.

Te tuer!

FOUGERON.

Moi ou le propriétaire du titre, bien entendu... Si tu veux
reprendre ton rôle...

MADINIER.

Mais pourtant...

FOUGERON.

C'est ton droit... Ne te gêne pas.

MADINIER.

C'est que...

FOUGERON.

La situation est nette!... Tu aimes Suzanne...: Les cent
mille francs sont à toi... Prends les cent mille francs...
prends Suzanne et va te battre...

MADINIER.

Avec le capitaine!... ah! non!... par exemple!...

FOUGERON.

Tu conçois que je ne suis pas ton garçon de caisse chargé
de tes recouvrements...

MADINIER.

Non...

FOUGERON.

Tu ne peux pas vouloir cueillir la rose et me laisser les épines... si tu veux les bénéfices, prends les charges...

MADINIER.

Mais je te jure que je connais à peine madame Montanbrèche, et que je n'ai cueilli... aucun bénéfice...

FOUGERON.

Tant pis pour toi, tant mieux pour le capitaine ; cela ne me regarde pas... Réfléchis, tu as jusqu'à demain...

MADINIER.

Voyons, Fougeron...

FOUGERON.

Encore une fois, si tu préfères le duel, je te passe la main... réfléchis... Je vais attendre ta décision auprès de Suzanne. (*Il sort par la droite.*)


# SCÈNE VII

### MADINIER, *seul.*

Mais c'est une impasse... Comment!... je n'ai qu'un mot à dire... et, par un vain scrupule... ah! ce serait trop de niaiserie... Je vais trouver le capitaine, et, puisqu'il soupçonne sa deuxième femme, il sera enchanté d'apprendre que c'était la première... Allons, c'est décidé... je vais...


# SCÈNE VIII

### MADINIER, AMÉLIE.

AMÉLIE, *venant de la gauche.**
Vous, monsieur!. .

MADINIER.

J'allais chez vous, madame...

AMÉLIE.

Chez moi.. encore!...

* Amélie, Madinier.

MADINIER.

Oui, madame!... je ne veux pas être plus longtemps la victime de feu mon cousin!... Grâce à cette commission maudite, mon bonheur est compromis...

AMÉLIE, *passant devant lui.* *

Mais le mien aussi, monsieur!...

MADINIER.

Oui... madame... vous avez raison... j'avoue mes torts et je vais les réparer.

AMÉLIE.

Vous avez un moyen?

MADINIER, *avec résolution.*

Oh! un moyen très-simple... et certain...

AMÉLIE, *avec joie.*

Ah! monsieur...

MADINIER.

Je vais tout dire à votre mari.

AMÉLIE.

Y songez-vous?

MADINIER.

Parfaitement! Vous êtes soupçonnée... ma révélation vous justifiera...

AMÉLIE.

Je n'ai que faire d'être justifiée... et je ne veux pas l'être à ce prix...

MADINIER.

Pourtant...

AMÉLIE.

Votre révélation porterait à mon mari un coup terrible... qui briserait peut-être son existence...

MADINIER.

Mais songez, madame, que mon existence, à moi, est entamée.

* Madinier, Amélie.

AMÉLIE, *à part.*

Comment l'empêcher?... Ah! (*Haut.*) Voyons... monsieur
Madinier, songez à la gravité de la démarche que vous allez
faire...

MADINIER.

Rassurez-vous, j'aurai des ménagements...

AMÉLIE.

Songez que ce que vous allez dire, il faudra le prouver,
sous peine de mort...

MADINIER.

De mort!...

AMÉLIE.

Oui... monsieur ; soyez-en sûr, mon mari vous tuera, si
vous ne lui donnez la preuve... la preuve irrécusable...

MADINIER.

Mais les lettres... madame... les lettres...

AMÉLIE.

Les lettres n'existent plus...

MADINIER.

Comment?...

AMÉLIE.

Je les ai brûlées...

MADINIER.

Brûlées?...

AMÉLIE.

Après votre départ...

MADINIER, *s'asseyant.*

Je suis perdu!...

AMÉLIE, *à part.*

Il ne parlera pas...

MADINIER.

Et pas d'autres preuves!... que faire?...

# SCÈNE IX

### LES MÊMES, MONTANBRÈCHE.*

MONTANBRÈCHE, *entrant de la gauche.*
Ah! vous êtes ici, madame!... (*Apercevant Madinier.*)
Monsieur Madinier... je ne vous voyais pas...

MADINIER, *se levant, troublé.*
Pardon... capitaine, je sortais... parce que... enfin... si
j'avais su... je ne me sens pas à mon aise... je sortais...
capitaine... (*Il sort par la gauche.*)

MONTANBRÈCHE, *à lui-même.*
Qu'a-t-il donc?...

# SCÈNE X

### MONTANBRÈCHE, AMÉLIE.

MONTANBRÈCHE.
Pourquoi ne m'avez-vous pas attendu, madame?...

AMÉLIE
Parce qu'il ne peut me convenir de prolonger une discus-
cussion... inutile... irritante.

MONTANBRÈCHE.
Pourtant, madame...

AMÉLIE.
Je n'admets pas que vous doutiez de ma parole... Je vous
répète que je ne connais pas votre comte de Fougeron...

MONTANBRÈCHE.
Mais cent fois vous m'avez parlé de lui!...

AMÉLIE.
Pure curiosité...

MONTANBRÈCHE.
Mais... vous vous intéressiez beaucoup à ses folies...

* Madinier, Montanbrèche, Amélie.

AMÉLIE.

Comme tout le monde...

MONTANBRÈCHE.

Mais il était à vos pieds!...

AMÉLIE.

Mais j'ignorais que ce fût lui!...  et c'est vous qui venez de m'apprendre son nom!...

MONTANBRÈCHE.

Ainsi, madame, vous niez... vous niez tout?...

AMÉLIE.

Oui, je nie tout !...

MONTANBRÈCHE.

C'est un système de défense... il est pratiqué quelquefois, mais sans succès...

AMÉLIE.

Monsieur !...

MONTANBRÈCHE.

Ah! pourquoi me suis-je remarié ?

AMÉLIE.

Oh ! oui!... pourquoi?

MONTANBRÈCHE.

Ce sera mon châtiment.

AMÉLIE.

C'est d'abord le mien...

MONTANBRÈCHE.

Je n'appréciais pas assez le trésor que j'ai perdu...

AMÉLIE, *à part, piétinant.*

Et il ne mériterait pas...

MONTANBRÈCHE.

J'avais eu le rare bonheur de rencontrer une femme simple, modeste, aimante, esclave de ses devoirs... et fidèle... madame... fidèle!...entendez-vous?...

AMÉLIE.

J'entends... monsieur... fidèle!...

MONTANBRÈCHE.
Air : *De votre bonté généreuse.*
C'est un ange envolé trop vite !

AMÉLIE.
Un ange !...

MONTANBRÈCHE.
Plaît-il ?

AMÉLIE.
Rien.

MONTANBRÈCHE.
Hélas !
Ce rapprochement vous irrite ?
Parbleu !

AMÉLIE.
Je ne vous réponds pas.

MONTANBRÈCHE.
Dussiez-vous en être irritée,
Jamais, non jamais, d'un époux
Femme ne fut plus regrettée.

AMÉLIE.
Je la regrette autant que vous ;
Croyez-le bien, autant que vous.

MONTANBRÈCHE, *avec reproche.*
Madame !...

AMÉLIE.
On vient, monsieur.


## SCÈNE XI

LES MÊMES, CLARA, NOUVEAUX INVITÉS, *puis*
TARTINOIS, SUZANNE *et* LES INVITÉS DES
PREMIÈRES SCÈNES, *puis enfin* DUTILLET.

CLARA, *entrant par la droite et parlant à une demi-
douzaine d'Invités qui entrent de la gauche.**
Veuillez me suivre... Toute la société est au jardin... et

* Suzanne, Montanbrèche, les Invités, Clara.

monsieur m'a recommandé... (*Rires à droite.*) Ah! justement, voilà monsieur...

TARTINOIS, *entrant avec Suzanne et les Invités des premières scènes par la droite.*

Il est très-gai... très-amusant... Ah! voilà nos amis!... Mesdames... messieurs!... (*Tirant sa montre.*) Sept heures moins cinq... nous allons nous mettre à table!...[*]

SUZANNE.

Il nous manque monsieur Dutillet!

TARTINOIS.

Le notaire... il arrivera à la minute. (*On rit.*)

TARTINOIS.

Tiens! notaire à la minute... mon futur neveu me donne de l'esprit.

MONTANBRÈCHE.

Mais au fait... où est-il donc allé, le futur?

TARTINOIS.

Il est resté au jardin... en train de rimer quelques couplets...

MONTANBRÈCHE.

Comment, il fait des couplets, monsieur Madinier?...

TARTINOIS, *bas.*

Tais-toi donc!... Ce n'est plus Madinier qui épouse!...

MONTANBRÈCHE.

Plus Madinier... qui donc?...

DUTILLET, *au dehors, à gauche.*

Au salon!... très-bien...

TOUS.

Ah! Dutillet!

TARTINOIS.

Nous sommes au complet!

DUTILLET, *saluant.*

Mesdames... mesdemoiselles!... Est-ce que je suis en retard?...

[*] Amélie, Montanbrèche, Tartinois, Suzanne.
[**] Montanbrèche, Amélie, Dutillet, Tartinois, Suzanne.

TARTINOIS.

Non, non, vous arrivez juste.

DUTILLET.

Je n'aime pas à venir trop tôt... on s'ennuie toujours avant dîner... (*Il va causer avec les Invités.*)

MONTANBRÈCHE.

Eh bien!... ce nouveau futur?...

TARTINOIS.

Un jeune homme... charmant... très-riche, et que j'ai déjà eu le plaisir de présenter... (*On entend fredonner à la cantonade.*)

TARTINOIS.

C'est lui!... (*Allant à la porte de droite.*) Venez donc, mon neveu....

## SCÈNE XII

### LES MÊMES, FOUGERON.

FOUGERON, *un papier à la main.*

C'est sur l'air...

MONTANBRÈCHE, *faisant passer sa femme à sa gauche.**

Lui!...

FOUGERON, *à part.*

Montanbrèche!...

TARTINOIS.

Montanbrèche, je te présente le fiancé de Suzanne...

MONTANBRÈCHE, *avec force.*

Lui!... il fait la cour à ma femme!...

TOUS.

Ah.... (*Mouvement général.*)

AMÉLIE *et* FOUGERON.

Monsieur!...

* Amélie, Montanbrèche, Tartinois, Fougeron, Suzanne, Dutillet.

MONTANBRÈCHE.

Il y a une heure... il était à ses pieds.

SUZANNE.

Il y a une heure !...

CHOEUR FINAL.

AIR de Couder.

Surprise sans égale !
Une telle accusation !
C'est un affreux scandale !
C'est une abomination !

FOUGERON, *à Suzanne.*

Mademoiselle !

SUZANNE.

Laissez-moi. (*Elle sort par la droite.*)

TARTINOIS.

Quelle scène !

MONTANBRÈCHE, *à Amélie.*

Venez, madame.

FOUGERON.

Capitaine, j'attends vos témoins.

MONTANBRÈCHE.

Comptez sur eux et sur moi. (*Il sort par la gauche en
entraînant Amélie.*)

FOUGERON, *à Tartinois.*

Monsieur...

TARTINOIS, *furieux, passant devant lui.**

Laissez-moi, monsieur ; sortez !

FOUGERON.

Je sors, mais je reviendrai quand j'aurai tué Montanbrèche. (*Il sort par la gauche.*)

* Fougeron, Tartinois.

6.

REPRISE DU CHOEUR.

Surprise, etc.

(*Les Invités sortent par la gauche pendant le chœur.*)

TARTINOIS, *tombant sur un siége, met la tête dans ses mains et ne voit pas la sortie des invités.*

Ah! c'est à devenir fou!... Qu'est-ce qu'on va dire de moi dans Boulogne?

DUTILLET, *resté seul et à lui-même.*

Faut-il rester? faut-il...? On doit jaser dans le pays... Allons aux nouvelles... *Il sort en se frottant les mains.*

## SCÈNE XIII

TARTINOIS, CLARA, LE MAITRE D'HOTEL, AUTRES DOMESTIQUES. *Ici la porte du fond s'ouvre, et l'on aperçoit la table complétement servie. Les Domestiques sont derrière la table, la serviette au bras, ainsi que le Maître d'hôtel. La pièce est très-éclairée. Clara entre majestueusement en scène. Elle se met à gauche de la porte du fond.* **

CLARA.

Monsieur est servi!... *Tartinois se lève vivement, s'apprête à offrir la main à une dame, regarde de tous côtés, lève les bras en signe de désespoir, en disant: Ah! Puis il se résigne, croise ses bras derrière son dos et marche lentement vers la table.*

* Dutillet, Tartinois,
** Clara, Tartinois.

FIN DU QUATRIÈME ACTE

# ACTE CINQUIÈME

Même décor qu'au premier acte.

—

## SCENE PREMIÈRE

MONTANBRÈCHE, DEUX OFFICIERS. (*Ils sont assis, Montanbrèche sur le canapé, les officiers sur des fauteuils.*) *

MONTANBRÈCHE.

Ainsi, c'est pour aujourd'hui, à deux heures?

PREMIER OFFICIER.

Oui, et tu as le choix des armes...

MONTANBRÈCHE.

Ça m'est égal, pourvu que je le tue...

DEUXIÈME OFFICIER.

Ton adversaire paraît être dans les mêmes intentions.

MONTANBRÈCHE.

Oh! je sais qu'il est brave... mais je le tuerai, je vous en réponds.

PREMIER OFFICIER.

« C'est un singulier homme, votre capitaine, » nous dit-il; « je ne lui en voulais pas, je l'aurais épargné. »

MONTANBRÈCHE, *avec ironie.*

Hum! hum!

PREMIER OFFICIER.

« Mais, après le scandale d'hier au soir, je le tuerai... »

MONTANBRÈCHE.

Vraiment?

* 2ᵉ Officier, Montanbrèche, 1ᵉʳ Officier.

PREMIER OFFICIER.

Et comme le ton de ce petit monsieur commençait à m'é-
chauffer les oreilles, j'allais peut-être me laisser emporter,
lorsque, se reprenant de lui-même : « Toutefois, » dit-il,
« j'attends encore un renseignement qui pourrait modifier
les situations. »

MONTANBRÈCHE.

Modifier les situations?...

PREMIER OFFICIER.

« Enfin, » termina-t-il, « si le capitaine ne m'a pas vu
dans une heure... je le tuerai dans l'après-midi. »

MONTANBRÈCHE.

Si je ne l'ai pas vu?

PREMIER OFFICIER.

Nous ne savons pas ce qu'il a voulu dire.

MONTANBRÈCHE.

Peu m'importe... A deux heures?

DEUXIÈME OFFICIER.

Nous viendrons te chercher... (*On se lève.*)

PREMIER OFFICIER, *tirant sa montre.*

Nous pouvons nous régler sur l'horloge de cette tour?
(*Il désigne la cantonade en se tournant vers la croi-
sée.*)

MONTANBRÈCHE.

Parfaitement. Je vais vous faire passer par le jardin.(*Tous
trois sortent.*)


# SCÈNE II

AMÉLIE, *seule, venant par la gauche.*

Clara ne m'a pas trompée ; deux officiers sont venus demander mon mari. (*Regardant à la fenêtre.*) Le voilà qui
s'éloigne avec eux ; plus de doute, il veut se battre, se
battre avec ce fou, dont l'adresse est si connue! Et cela,
pour moi, parce que je me laisse accuser d'une faute qui
n'est pas la mienne... Oh! non, je dois empêcher ce duel...

tout dire à mon mari, et, s'il le faut, lui montrer ces lettres. Après tout, j'ai peut-être tort de les supposer si criminelles... Tout ce qui m'arrive depuis hier prouve assez qu'on peut être compromise sans l'avoir mérité. Oh ! si je pouvais sans blesser cruellement le cœur de mon mari... Je suis seule... voyons... (*Elle va au secrétaire, y prend le paquet de lettres et en ouvre une.*) Voyons... (*Elle s'assied au guéridon et se met à lire.*)

## SCÈNE III

AMÉLIE, MONTANBRÈCHE. (*Quand Amélie commence à lire, Montanbrèche reparaît à gauche, marchant lentement. Au moment d'entrer, il aperçoit sa femme et se cache derrière la porte du fond.*)[*]

MONTANBRÈCHE, *à part.*

Hein !... des lettres !

AMÉLIE, *cessant sa lecture.*

Oh ! non, jamais, je ne montrerai ces lettres... (*Elle les remet dans le secrétaire, qu'elle referme à clef.*) Mais j'empêcherai ce duel... Comment ?... je n'en sais rien. Mais avant tout, tâchons de rejoindre mon mari. (*Elle sort vivement..*)

MONTANBRÈCHE, *seul.*

Des lettres ! une preuve matérielle... enfin !

CLARA, *à gauche, en dehors.*

Je me plaindrai à monsieur...

MONTANBRÈCHE.

Clara ! (*Il reste au fond, à gauche, et n'est pas vu d'abord.*)

## SCÈNE IV

MONTANBRÈCHE, JOSEPH *et* CLARA.

JOSEPH.

Mais, mademoiselle Clara...

[*] Montanbrèche, Amélie.

CLARA.

Non, monsieur... c'est intolérable... Comment... vous montez sur les toits maintenant?...

JOSEPH.

Je vous jure que c'est par hasard...

CLARA.

Mais, en vérité, je ne suis plus en sûreté dans cette maison ; si je suis dans ma chambre, vous grimpez à ma fenêtre ; si je suis au grenier, vous arrivez par la lucarne...

MONTANBRÈCHE, *à part.*

Qu'est-ce que j'entends ?

CLARA.

Le capitaine saura tout...

JOSEPH.

Oh ! mademoiselle...

CLARA.

Oui... il saura que c'est vous qui piétinez sur ses plates-bandes, que c'est vous qui, la nuit, le faites courir après les voleurs ou les amants, et...

MONTANBRÈCHE, *se montrant.**

Joseph !

CLARA *et* JOSEPH.

Oh !

MONTANBRÈCHE.

C'est toi qui te permets?...

JOSEPH.

Mon capitaine !

MONTANBRÈCHE.

Cette échelle, qu'une nuit j'ai trouvée dans le jardin, ce rôdeur nocturne, tous ces dégâts dont se plaint le jardinier?...

JOSEPH.

Pardon, capitaine, pardon.

* Joseph, Montanbrèche, Clara.

MONTANBRÈCHE.

Ah! c'était toi... C'est bien... nous en recauserons.

JOSEPH.

Capitaine, je suis tout prêt à en recauser.

CLARA.

Oui, il faudra en recauser, parce que...

MONTANBRÈCHE.

Rentrez, Clara ; toi, va-t'en, et je n'y suis pour personne... *(Ils sortent par le fond en se querellant.*

MONTANBRÈCHE, *seul.*

C'était Joseph... mais alors tous mes soupçons... Eh bien! oui, j'ai pu me tromper sur ce point ; mais ce n'est pas Joseph que j'ai vu à ses pieds dans le jardin ; ces lettres qui sont là n'ont pas été écrites par Joseph... Allons! dépêchons-nous. (*Il va fermer la porte du fond, revient à la porte de droite et la ferme aussi, puis court au nécessaire, qu'il cherche à forcer.*) Impossible!... Oh! ces meubles ferment bien... (*Prenant un poignard à la panoplie.*) Mais j'ai de solides poignets et de fortes lames. (*Forçant le nécessaire.*) Oh! c'est un jeu d'enfant. (*Prenant le paquet de lettres et lisant une adresse.*) « A monsieur Madinier... » Madinier!... je ne me trompais donc pas... mais alors, ils étaient deux... (*Accablé, passant sa main sur son front.*) Allons! du courage, il faut aller jusqu'au bout. (*Ouvrant une des lettres.*) Mais cette écriture n'est pas la sienne... (*Après avoir lu quelques mots.*) Ah! *Il continue à voix basse, sa figure se décompose ; puis, à mesure qu'il lit, il se rapproche en chancelant du canapé, et finit par tomber dessus en répétant d'une voix étouffée.*) Ah!

## SCÈNE V

**MONTANBRÈCHE, FOUGERON.** *Bruit de voix en dehors, au fond.*

MONTANBRÈCHE, *se relevant.*

Quelqu'un !... (*Il met les lettres dans sa poche.*)

JOSEPH, *en dehors.*

Mais, monsieur...

FOUGERON.

Je te dis que ton maître y est...

MONTANBRÈCHE.

Fougeron!... Ah! puisque je ne puis me venger que de celui-là, il payera pour deux... *(Il va ouvrir.)*

FOUGERON, *à Joseph.*

Là! tu vois bien, entêté...

MONTANBRÈCHE, *à Joseph.*

Va-t'en...

FOUGERON, *entrant.* *

Pardon, capitaine, si je force la consigne...Je vous dérange peut-être...

MONTANBBÈCHE.

Du tout... du tout... Votre colère s'impatiente, je le comprends : nous allons en finir tout de suite. *(Il se dirige vers la panoplie.)*

FOUGERON.

Capitaine, je viens vous faire des excuses...

MONTANBRÈCHE, *s'arrêtant.*

Hein ?

FOUGERON.

Libre à vous de ne pas les accepter , auquel cas, ce sera moi qui vous demanderai raison de l'offense que vous me ferez...

MONTANBRÈCHE.

Ah! ça, monsieur, venez-vous encore?...

FOUGERON.

Permettez ! je veux bien du duel ; mais je ne veux pas du motif... car le motif est une erreur...

MONTANBRÈCHE.

Une erreur !...

* Montanbrèche, Fougeron.

FOUGERON.

En deux mots : monsieur Tartinois exigeait du futur de
sa nièce une somme de cent mille francs...

MONTANBRÈCHE.

Eh bien ?...

FOUGERON.

Un bavard de notaire me dit que vous teniez cette somme
à la disposition de l'amant de votre femme.

MONTANBRÈCHE.

Un notaire... Dutillet !...

FOUGERON.

Je ne connaissais pas madame Mantanbrèche.

MONTANBRÈCHE.

Comment, vous ne la...

FOUGERON.

Je vous en donne ma parole d'honneur...

MONTANBRÈCHE.

Eh ! quoi ! quand je vous trouve à ses pieds...

FOUGERON.

Je n'ai jamais eu besoin d'être amoureux pour faire des
folies... Le même bavard de notaire m'indique votre de-
meure... je m'y rends... et je vous reconnais, rôdant le long
d'un mur ; ce mur je le franchis... Vous m'apercevez...
c'était mon espoir... Une femme se trouve dans le jardin,
ce devait être la vôtre, je me jette à ses pieds... Vous savez
le reste...

MONTANBRÈCHE.

Ainsi, monsieur, en supposant cette histoire vraie...

FOUGERON.

Capitaine !...

MONTANBRÈCHE, *avec force*.

En la supposant vraie, c'est une somme de cent mille
francs qui vous fait compromettre une femme ?...

FOUGERON.

Non, monsieur... c'est vous qui la compromettez...

7

MONTANBRÈCHE.

Moi?...

FOUGERON.

En allant raconter chez des notaires vos prétendues in-
fortunes conjugales...

MONTANBRÈCHE.

Oh!

FOUGERON.

Vous comprenez que mes scrupules alors...

MONTANBRÈCHE.

Et ce titre perdu chez moi, comment l'expliquez-vous?

FOUGERON.

C'est parce que je connais celui qui l'a perdu...

MONTANBRÈCHE.

Vous le connaissez?...

FOUGERON.

Que j'ai dû venir...

MONTANBRÈCHE.

Nommez-le-moi...

FOUGERON.

Madinier...

MONTANBRÈCHE.

Madinier!

FOUGERON.

Chargé par son cousin, Boniface Madinier...

MONTANBRÈCHE.

Son cousin?...

FOUGERON.

Aujourd'hui dans un monde meilleur... de remettre un
dépôt à madame Montanbrèche.

MONTANBRÈCHE, *à part.*

Oh! les lettres!...

FOUGERON,

Madinier dut remplir sa mission.

MONTANBRÈCHE.

Et ce dépôt, il le connaît? Vous le connaissez?...

FOUGERON, *à part.*

Diable !... (*Haut.*) Non, capitaine ; le dépôt était cacheté... Madinier obéissait en aveugle aux dernières volontés
de son cousin ; et c'est même à son ignorance qu'il faut at-
tribuer son effroi. Ne sachant pas ce qu'il apportait, et se
voyant surpris par vous... ce pauvre Madinier est un peu
de la nature des lièvres pour le courage. Il savait, d'ailleurs,
que vous connaissiez l'oncle de sa future, et tout cela vous
explique sa fuite à travers vos plates-bandes...

MONTANBRÈCHE, *à lui-même.*

Innocente, elle serait innocente...

FOUGERON.

Vous savez tout, maintenant ; capitaine, je suis à vos
ordres...

MONTANBRÈCHE.

Me battre avec vous... qui me rendez la joie, le bonheur !
oh ! jamais.

FOUGERON, *très-tranquillement.*

Alors, je vais me tuer !

MONTANBRÈCHE.

Vous tuer, ce n'est pas d'un gentilhomme.

FOUGERON.

Au fait, je ne sais pas encore... Peut-être me tuerai-je,
peut-être ne me tuerai-je pas. Non, décidément, mieux
vaut tuer Madinier.

MONTANBRÈCHE.

Madinier ! ah ! oui... tuez Madinier !...

FOUGERON.

Enfin, je vais réfléchir. Sans adieu, capitaine.

MONTANBRÈCHE.

Sans adieu, vous me le jurez ?

FOUGERON.

Oui... à bientôt. (*Il sort.*)

MONTANBRÈCHE, *seul et marchant à grands pas.*

Voyons, voyons, du calme ! mettons un peu d'ordre dans
mes idées... car j'étais fou ou je le deviens. Elle m'a trompé...

elle... et je la donnais pour exemple à Amélie, à Amélie qui savait... qui avait lu!... et qui se laissait accuser!... Oh! que doit-elle penser de moi et comment jamais lui faire oublier?

## SCÈNE VI

### MONTANBRÈCHE, AMÉLIE.

AMÉLIE, *entrant précipitamment du fond et s'arrêtant à la vue de son mari.* *

Lui!

MONTANBRÈCHE.

Elle!

AMÉLIE, *descendant.*

Ah! monsieur, je vous cherche partout... je viens de chez vos amis qui vous cherchent eux-mêmes. Je sais que vous vouliez vous battre... pourquoi? Je ne puis rien vous dire, rien vous expliquer... je ne sais rien... mais je vous jure... *(Voyant Montanbrèche qui, lentement, vient de se mettre à ses genoux.)* Que faites-vous?... que signifie?... vous à mes pieds!... Pourquoi? *(Voyant les lettres que Montanbrèche lui présente et le secrétaire resté ouvert.)* Ah! vous avez lu?

MONTANBRÈCHE.

Oui, je sais tout... et je te demande pardon.

AMÉLIE, *cherchant à le relever.*

Mon ami!

MONTANBRÈCHE.

Non... laisse-moi... laisse-moi là... à tes pieds. N'est-ce pas que tu me trouves bien sot, bien ridicule?

AMÉLIE.

Moi?...

MONTANBRÈCHE.

Mais si tu savais ce que j'ai souffert...

AMÉLIE.

De grâce, relève-toi... C'est moi qui ai eu tort de ne pas brûler ces lettres...

* Amélie, Montanbrèche.

MONTANBRÈCHE, *se relevant.*

AIR de *Mademoiselle Garcin.*

J'entends, je veux que ces lettres protestent
Contre mes torts, mes soupçons envers toi.
Entre tes mains, oui, je veux qu'elles restent;
Elles seront une arme contre moi.

AMÉLIE.

Quoi! sur le pied de guerre, toujours feindre!
Vivre toujours sans jamais désarmer!
Non, ce serait vouloir me faire craindre,
Et je ne veux, moi, que me faire aimer.
      (*Déchirant les lettres.*)
Le seul bonheur est de se faire aimer!

MONTANBRÈCHE, *l'embrassant.*

Oh! tu es un ange!

# SCÈNE VII

## LES MÊMES, TARTINOIS *et* SUZANNE.

TARTINOIS, *apercevant ce tableau et faisant reculer Suzanne.*

N'entre pas! n'entre pas!

AMÉLIE.

Mais si, entrez, au contraire.

MONTANBRÈCHE.*

Ah! mon cher Tartinois, je suis le plus heureux des hommes.

TARTINOIS.

Ah bah! mais alors pourquoi bouleverses-tu tout le pays? pourquoi me forces-tu à manger à moi seul un repas de vingt couverts? pourquoi fais-tu manquer à ma nièce un second mariage?... Car enfin, si tu es si heureux que ça, monsieur Fougeron... n'était donc pas ce que tu disais?...

MONTANBRÈCHE.

Mais non, j'étais insensé....

SUZANNE.

Mais alors, mon oncle, il faut aller faire vos excuses à monsieur Fougeron...

* Suzanne, Tartinois, Montanbrèche, Amélie.

TARTINOIS.

Moi! lui faire des excuses...

## SCÈNE VIII

### LES MÊMES, MADINIER.*

MADINIER.

Pardon... pardon, si je vous dérange...

MONTANBRÈCHE, *à part.*

Lui! morbleu!

MADINIER.

C'est Fougeron que je viens de rencontrer; il m'a dit que tout était connu, que je trouverais tout le monde ici et que rien ne s'opposait plus à mon mariage. (*Présentant une lettre qu'il tire de sa poche.*) Voici une lettre de lui dans laquelle, m'a-t-il dit, il me cède tous ses droits à la main de mademoiselle Suzanne.

TARTINOIS.

Voyons cela!

SUZANNE.

Tous ses droits?...

MADINIER.

Je veux dire qu'il renonce à tout espoir.

SUZANNE, *à part.*

Ah! c'est affreux!

TARTINOIS, *lisant.*

« Monsieur, quand vous lirez cette lettre, mon sort dé-
» pendra de vous. »

TOUS.

Comment?

TARTINOIS, *continuant.*

» Si vous avez un mouchoir, hâtez-vous de le prendre à
» votre main. » (*S'interrompant.*) Comment! que je prenne mon mouchoir!

MONTANBRÈCHE.

Prends-le, qu'est-ce que ça te fait?

* Suzanne, Tartinois, Madinier, Montanbrèche, Amélie.

TARTINOIS, *tirant son mouchoir qu'il garde à la main.*
« J'aime plus que jamais votre charmante nièce. »
SUZANNE.

Ah !

MADINIER.

\- Que signifie?...
TARTINOIS, *lisant.*
« Si vous vous opposez à notre mariage parce que je n'ai
» pas cent mille francs comptant, votre mouchoir vous est
» inutile... » *S'interrompant et remettant le mouchoir*
*dans sa poche.*) Ah ça! qu'est-ce que ça veut dire ?
SUZANNE.

Oh ! mon oncle, c'est très-intéressant...
TARTINOIS, *lisant.*
« Mais si vous consentez à notre mariage, hâtez-vous de
l'agiter. » Quoi?
MONTANBRÈCHE.

Le mouchoir !
TARTINOIS, *reprenant son mouchoir et continuant.*
« A la fenêtre du petit salon bleu de monsieur Montan-
» brèche, chez qui vous devez être en ce moment ; car je
» suis sur la tour de l'église ; et, si vous n'agitez pas lo
» mouchoir, je me précipite en bas. »
TOUS, *courant à la fenêtre.*

Ciel !

MONTANBRÈCHE.

Mais oui, c'est lui.
TOUS, *agitant un mouchoir.*

Oui, oui, oui !
MADINIER, *qui agitait aussi son mouchoir, redes-*
*cendant.*
Allons, jusqu'à moi, qui... Imbécile !

## SCÈNE IX

### LES MÊMES, FOUGERON. *

FOUGERON, *pendant que tous agitent les mouchoirs,*
*entrant par le fond.*
Ah ! vous consentez?...

* Madinier, Fougeron.

TOUS, *criant.*

Ah !

MADINIER.

Lui !

TARTINOIS.

Comment ! vous êtes là-haut et ici ?

FOUGERON.

Mais non ; là-haut, c'est Baptiste, votre domestique, que j'ai acheté.

TARTINOIS. *

C'est à Baptiste que nous agitions nos mouchoirs !

FOUGERON.

Enfin, Suzanne, vous m'appartenez ?...

TARTINOIS.

Oui, et la maison d'Épernay ne lui appartient plus.

FOUGERON.

Mais si, j'ai pensé à cela ; les cent mille francs que vous avez envoyés au notaire... Madinier me les prête.

MADINIER **.

Moi ?

FOUGERON.

Je t'en rendrai cent cinquante mille.

MADINIER.

Et ma future ?

FOUGERON.

Je ne te la rendrai jamais !

CHŒUR FINAL.

Air de Émile Bernard.

Tout se termine dans la vie
Par un hymen toujours heureux,
Lorsque l'amour et la folie
Viennent en aide aux amoureux.

* Madinier, Suzanne, Fougeron, Tartinois, Amélie, Montanbrèche.

** Madinier, Fougeron, Suzanne, Tartinois, Amélie, Montanbrèche.

PARIS. — TYP. MORRIS ET Cᵉ, RUE AMELOT, 64.

9 782329 567136